博雅文叢

佛教基本知識

周叔迦 著

出版說明

「博雅教育」，英文稱為General Education，又譯作「通識教育」。甚麼是「通識教育」呢？依「維基百科」的「通識教育」條目所說：「其一是通才教育；其二是指全人格教育。通識教育作為近代開始普及的一門學科，其概念可上溯至先秦時代的六藝教育思想，在西方則可追溯到古希臘時期的博雅教育意念。」歐美國家的大學早就開設此門學科。

在兩岸三地，「通識教育」則是一門較新的學科，涉及的又是跨學科的知識。概而言之，乃是有關人文、社科，甚至理工科、新媒體、人工智能等未來科學的多方面的古今中外的舊常識、新知識的普及化介紹，等等。因而，學界歷來對其「定義」抱有各種歧見。依台灣學者江宜樺教授在「通識教育系列座談（一）會議記錄」（二零零三年二月）所指陳，暫時可歸納為以下幾種：

一、通識就是如（美國）哥倫比亞大學、哈佛大學所認定的Liberal Arts。

二、如芝加哥大學認為：通識應該全部讀經典。

三、要求學生不只接觸 Liberal Arts，也要人文社會科學學生接觸一些理工、自然科學學科；理工、自然科學學生接觸一些人文社會學，這是目前最普遍的作法。

四、認為通識教育是全人教育、終身學習。

五、傾向生活性、實用性、娛樂性課程。好比寶石鑑定、插花、茶道。

六、以講座方式進行通識課程。（從略）

近十年來，香港的大專院校開設「通識教育」學科，列為大學教育體系中必要的一環，因應於此，香港的高中教育課程已納入「通識教育」。自二零一二年開始的第一屆香港中學文憑考試，通識教育科被列入四大必修科目之一，考生入讀大學必須至少考取最低門檻的「第二級」的成績。在可預見的將來，在高中教育課程中，通識教育的份量將會越來越重。

在互聯網技術蓬勃發展的大數據時代，搜索功能的巨大擴展使得手機、網絡閱讀、搜索成為最常使用的獲取知識的手段，但網上資訊氾濫，良莠不分，所提供的內容知識未經嚴格編審，有許多望文生義、張冠李戴及不嚴謹的錯誤資料，謬種流傳，誤人子弟，造成一種偽知識的「快餐式」文化。這種情況令人擔心。面對着人工智能技術的迅猛發展所導致的對傳統優秀文化內容傳教之退化，如何能繼續將中國文化的人文精神薪火傳承？培育讀書習慣不啻是最好的一種文化訓練。

有感於此，我們認為應該及時為香港教育的這一未來發展趨勢做一套有益於中、大學生的「通識教育」叢書，針對學生或自學者知識過於狹窄、為應試而學習的不良傾向去編選一套「博雅文叢」。錢穆先生曾主張：要讀經典。他在一次演講中還指出：「此時的讀書，是各人自願的，不必硬求記得，也不為應考試，亦不是為着做學問專家或是寫博士論文，這是極輕鬆自由的，正如孔子所言：『默而識之』便得。」我們希望這套叢書能藉此向香港的莘莘學子們提倡深度閱讀，擴大文史知識，博學強聞，以春風化雨、潤物無聲的形式為求學青年培育人文知識的養份。

本編委會從上述六個有關通識教育的範疇中，以第一條作為選擇的方向，以第二條的芝加哥大學認定的「通識應該全部讀經典」作為本文叢的推廣形式，換言之，就是為初中、高中及大專院校的學生而選取的，讀者層面也兼顧自學青年及想繼續進修的社會人士，向他們推薦人文學科的經典之作，以便高中生未雨綢繆，入讀大學後可順利與通識教育科目接軌。

這套文叢將邀請在香港教學第一線的老師、相關專家及學者，組成編輯委員會，分類包括中外古今的文學、藝術等人文學科，而且邀請了一批受過學術訓練的中、大學老師為每本書撰寫「導讀」及做一些補註。雖作為學生的課餘閱讀之作，但期冀能以此薰陶、培育、提高學生的人文素養，全面發展，同時，也可作為成年人終身學習、補充新舊知識的有益讀物。

本叢書多是一代大家的經典著作，在還屬於手抄的著述年代裏，每個字都是經過作者精琢細磨之後所揀選的。為尊重作者寫作習慣和遣詞風格、尊重語言文字自身發展流變的規律，給讀者們提供一種可靠的版本，本叢書對於已經經典化的作品不進行現代漢語的規範化處理，提請讀者特別注意。

「博雅文叢」編輯委員會

二零一九年四月修訂

目錄

導讀

佛教諸面相

一、真俗

周叔迦先生是佛學耆宿，遍覽內典，著作豐富。早年一面從事佛學的教學與研究，一面弘揚佛法；新中國成立後，更出任佛教協會副會長之職。以其學養淹博，講說佛教文化，可謂信手拈來；但是，有時撰述宏篇巨製，或者鑽進牛角尖裏，也許還要容易，因為碩學鴻儒早已浸淫在繁難專精的學問海洋之中，反而要跳出象牙之塔，面向大眾，把「基本知識」傳播開去，則又是另一番功夫。在作者來說，大概可說是「回真向俗」吧。

本書原名《法苑談叢》，有舊學氣息，寫於上世紀三十年代，九十年代收入中華書局的《文史知識》文庫，改名《佛教基本知識》。周叔迦先生寫作此書的年代，正值中國進入反省檢討乃至批判傳統文化、清理封建主義的時期，「整理國故」成了知識分子沉重的使命。在更早的清朝末年，章太炎先生就曾說到，「用宗教發起信心，增進國民的道德，以國粹激動種性，增進愛國的熱腸」，而他所指的宗教便是佛教。他認為，「我們中國，本稱為佛教國，佛教的理論，使上智人不能不信。佛教的戒律，使下愚人不能不信。」不過，要上智下愚皆接受，真是談何容易。尤有甚者，那個時代，那一輩人，用文言寫作要比用白話更得心應手。前人承先啟後的艱辛，可以想見。周先生在本書中，多處不忘提示保存傳統文化的重要，既是出於護教之心，也是愛國情切。

二、制度

本書示現佛教諸面相——殿宇、制度、儀式、文化藝術、典籍、服式等，而往往表之以變遷的脈絡，而非純是橫斷面的描述，認知更為周備。例如，在漢族僧服一章，日追源印度的僧衣體制，又說明多種服式的特點和歷史沿革。倘嫌僧衣規制過於繁瑣，則僧侶管理制度一節，可謂饒富趣味。作者引述北魏太和年間，「有司奏：前被敕以勒籍之初，愚民僥幸，假稱入道，以避輸課。其無籍僧尼，罷遣還俗。」然後說，無籍僧尼即未經政府登記而私自出家的，那是違犯法令的。我輩佛學門外漢但從小說電影中知道罪犯遁入空門，取得度牒，便可獲赦刑責，於是衍生種種傳奇故事，卻未必熟諳此「免死金牌」：

政府既然掌管僧尼的簿籍，就必然要發給已登記的僧尼一張憑證，以資查考，這便是「度牒」。……但是有權勢的人納賄賣度，用錢三萬，便度為僧尼（《資治通鑑》卷二零九）。唐肅宗至德元年（七五六）為了籌集軍費，用宰相裴冕的計劃，由政府指定大德傳比丘戒，凡納錢一百緡者與度牒剃度。這是政府度牒收費之始。……德宗建中三年（七八二），敕令天下僧尼身死及返俗的，其度牒應由三綱即日陳送本縣。由縣按月申送至州，匯總申報中央，與符誥一同注毀。在京城的就直接送交祠部（《大宋僧史略》）。宋代度僧是有限制的，按比例度僧，……然而人民為飢餓所困，不得不湧向寺院，所以私度的甚多。……宋代度僧既有限數而要求出家為僧者多，於是空白度牒便成為一種有價值的證券在社會上流通。

度牒制度歷元明清三代未改，清代限制嚴苛，至乾隆而廢止僧道度牒。

三、藝術

本書的特點就是在敘述佛教的宗教面相如佛寺、信徒、儀軌等以外，用了頗多篇幅具陳佛教的文化藝術。這也許是為了喚起對歷史文物愛惜保存的注意，但由此也就讓讀者得以一窺與佛教相關的多個藝術種類的門徑，進而藉此深入堂奧。在談到佛畫的部份，作者概略列出了自三國至清代的佛畫名家，可作畫家名錄，循此參觀之用。而有趣的是，他指出宋代的梁楷，明代的陳洪綬，清代的金農、羅聘等，「不拘繩墨，以古樸奇譎為高……若就佛法言之，詭譎形態是畫佛菩薩所不應取法的。」實際上，佛教藝術法度謹嚴，不是藝術家浪漫主義式的直抒胸臆，題材和畫法皆有典有據。惟佛畫繪製的目的，除為「佛教徒供養敬奉之用」、「寺院殿堂莊嚴之用」，還有「供人欣賞的畫家寫意之作」，這些畫家的寫意作品，「便是畫在手卷、冊頁、屏風等各種題材的佛畫，不拘於佛教的形式，不拘於佛教的法則，可以由畫家任意呈現其技巧，以供人欣賞。」

宗教與藝術，既不一，也不二。宗教旨在以善性導化黎庶，以真理安頓人心，即使入世的宗教重視藝術的價值，其歸趨也不外乎以藝術讚頌上帝，不脫「文以載道」的意味。然而，「言之不文，行之不遠」，何況「犀兕有皮，而色資丹漆，質待文也」，世間事物莫不須要尋得表現自己的形式。因此，儘管審美價值並非宗教的志之所在，但諸般宗教也各各展現出色彩斑斕的藝術之美，而即使禁止塑造真主形象的伊斯蘭教，其建築與圖紋也是精彩紛呈。

藝術的入世、淑世，與佛法的住世，大概可以有互相呼應之處。藝術以美感人，雖大抵未能解眾生於倒懸，畢竟或可聊作情感的寄託，讓精神得到昇華淨化，亦未嘗不可視作與宗教的開悟異曲同工。佛菩薩對於藝術撫慰心靈的功德，只怕早已了然，佛教藝術開出繁花似錦，耽溺美藝的有情決不至於為佛菩薩拒諸門外。事實上，偈頌的外觀形式幾乎與詩無異，而禪師往往吟誦一聯數韻，樂於開一個方便之門。禪宗不立文字，心心相印，破除文字障，然而，若論「萬古長空，一朝風月」，何嘗不能詩禪如一。

四、變文

本書除了「佛教文化藝術」一章有「變文寶卷」一節外，又另有一章「漫談變文的起源」，合起來可以成為變文專章，勾勒出變文的歷史源流。變文肇始於唐代，文獻有所記載，但文本已失傳，直至上世紀初敦煌石窟中的卷子流失海外，變文才重見天日，這種文學與佛教結緣的文類也漸為文學史所重。周叔迦先生在談變文起源的一章中，劈頭即指「中國的小說起源於唐時佛教俗講的變文」，然自來只謂變文影響後世說唱文學，此一大題目恐怕非專章之力所能及了。但本書畢竟讓讀者對變文得到一些較文學史細緻的了解。六朝時有諷誦佛經（包括轉讀與歌讚）和唱導兩種傳揚佛法的手段，前者以佛經為主，後者則以事緣為主。到了梁陳的時候，二者合流。作者續說：

> 轉讀是用原經文的，因為經典大都是六朝的翻譯，譯文與當時口語沒有多大距離。諷詠原文，一般士俗還可能了解。到了中唐以後，民間的口語有了轉變，諷詠原文是不能使人聽懂的。於是不得不將經文譯成唐代的俗語，這就成為變文了。

唐代的「俗講」，也就是「變文」，是說唱體的俗講話本；以說唱文字演繹經中義理的稱為「講經文」；另還有繪製佛經故事成圖畫的「變相」。後來，俗講不限於經師，民間藝人也唱變文，然而在宋真宗時，禁止僧人講唱變文，此等作品遂失傳。但又有「談經」、「說諢」、「說參請」之興，可惜作品也湮沒而不可考。至再後來的寶卷，則已不如唐變文絢爛，明清的寶卷甚至成為低俗的宣傳品，已無可觀。

五、圓融

佛教文化也如世間一切事物，有成住壞空，是亦無常之理。敦煌、洛陽、大同諸洞窟，年月既久，剝蝕彌深，屬自然之力。可歎者是人為的惡業，中國歷史上，自北魏至後周五百餘年間「三武一宗」四次法難，千佛洞文物流散損壞，文革期間遭肆意摧殘。遠至中亞地區，阿富汗佛教昌盛一時，且為古犍陀羅之地，佛教藝術嘗在此綻放異彩，彼邦巴米揚大佛高聳千年，玄奘法師西行取經途中，曾親睹恢宏立佛，《大唐西域記》有所記述，然於十多年前忽遭轟毀，聞者扼腕，見者驚心。六祖偈云，菩提無樹，明鏡非台。即心即佛，本不假於外物。然而，金剛怒目，菩薩低眉，形相分殊，亦無非為垂愍眾生。藝術既富審美情趣，復含教化功能，與佛法殆可圓融無礙。

曾憲冠

曾憲冠，香港中文大學中國語言及文學系學士、英國約克大學社會學碩士、英國倫敦大學學院俄國研究碩士；文字工作者，從事編輯、翻譯、撰述工作多年，現職文書。著作：《歡迎翻印 以廣流傳》、《吟到梅花句亦香》；編輯：《香港讀本系列》、《一九八九年春夏之交我們在北京》；翻譯：《香港優勢》、《明清社會和禮儀》。

寺院殿堂佛像釋名

一、三門殿

兩大金剛　因為寺院的大門，一般都是三門並立，中間一大門，兩旁各一小門，所以稱為三門殿。也有寫作山門殿的。古來寺院有許多院落，其中房舍稱堂或者寮，自宋崇寧二年（一一零三）以孔子廟為大成殿，於是佛寺建築除稱堂、寮之外，其主體部份也稱某某殿。佛寺三門殿內，在門的兩旁塑兩大金剛像。此即手持金剛杵（印度古代最堅固的兵器）警衛佛的夜叉神，又名「執金剛」。傳說佛常有五百執金剛隨從侍衛。其主要者名「密跡金剛」。世俗根據《封神演義》小說中的戲言，稱此像為哼哈二將，佛教經典中是沒有這種名稱的。

三門殿

哼

哈

二、天王殿

這是三門內的第一重殿。殿中間供彌勒菩薩。彌勒菩薩像後供韋馱天，面向北。東西兩旁供四大天王像。

四大天王　東方天王名為「提多羅吒」，此云持國，能護持國土，領毘舍闍（此云顛狂鬼）、乾闥婆（此云香陰神將，是帝釋天的主樂神，所以此天王手中持琵琶以作標幟，護東方弗提婆（此云勝）洲人民。南方天王名「毘琉璃」（此云增長），能令他人善根增長，所以手中持劍，領鳩槃荼（此云瓮形鬼）、薜荔（此云餓鬼）神，護南閻浮提（此云勝金）洲人。西方天王名「毘留博叉」，

整修前戒台寺山門殿

東方持國天王

南方增長天王

西方廣目天王

北方多聞天王

明代銅質彌勒佛

韋馱天

此云廣目，能以淨眼觀察護持人民，領諸龍及富單那（此云臭餓鬼），所以手中纏繞一龍，護西瞿耶尼（此云牛貨）洲人。北方天王名「毘沙門」，此云多聞，有大福德，護持人民財富。右手持傘，表福德之義，護北郁單越（此云勝處）洲人（見《長阿含經》卷一二《大會經》）。世俗稱為四大金剛，這也是《封神演義》中的戲言，金剛與天王是不可混淆的。

彌勒菩薩　名「阿逸多」，是釋迦牟尼弟子，南天竺人。後來由人間生在兜率天內院中教化菩薩。據佛經上說：釋迦牟尼佛的教法流傳一萬年。其後世界道德逐步提高，不再須要佛教，佛教便自行消亡了。再過八百餘萬年後，彌勒菩薩由兜率天下生此世界成佛（見《增一阿含經》《彌勒上生經》《彌勒下生經》）。也有把布袋和尚塑像稱作彌勒菩薩的。我國五代時期，在浙江奉化有位和尚名「契此」，常攜布袋，教化群眾，很得群眾信仰。臨終時說了一首偈語：「彌勒真彌勒，分身百千億；時時示時人，世人自不識。」因此，人們認為布袋和尚是彌勒菩薩的化身，就在寺院的天王殿正中塑了他的像。

韋馱天　傳説唐道宣律師曾與天人會談，説及南方天王部下有一位韋將軍常周行東南西三洲（北洲無出家人），護助諸出家人（見《道宣律師天人感通傳》）。宋代以後，便在寺中塑了韋天像，又和佛經中所説韋馱天相混，一般稱為韋馱菩薩。

三、大雄寶殿

大雄寶殿即是正殿，或稱大殿。大雄是稱讚釋迦牟尼佛威德高上的意思。

釋迦牟尼佛　是佛教的教主，二千五百年前印度釋迦族的一位王子出家成佛，創立了佛教，所以稱為釋迦牟尼佛。釋迦牟尼佛像有各種不同的姿式。主要的有兩種：一種是結跏趺坐，左手橫置左足上，名為「定印」，表示禪定的意思；右手直伸下垂，名為「觸地印」，表示釋迦在成道以前的過去生中，為了眾生犧牲自己的頭目腦髓，這一切唯有大地能夠證明，因為這些都是在大地上做的事。這種姿式的造像名為成道相。一種是結跏趺坐，左手橫置左足上，右手向上屈指作環形，名為「說法印」，這是說法相，表示佛說法的姿式。另外有一種立像，左手下垂，右

釋迦牟尼佛

手屈臂向上伸，這名為旃檀佛像，傳說是佛在世時印度優填王用旃檀木按照佛的形容所作。下垂名「與願印」，表能滿眾生願；上伸名「施無畏印」，表能除眾生苦。後來仿照此形象製作的也叫作旃檀佛像。

一般多在釋迦牟尼佛像旁塑有兩位比丘立像，一年老，一中年，這是佛的兩位弟子。年老的名「迦葉尊者」，中年的名「阿難尊者」。佛涅槃以後迦葉尊者繼領徒眾，後世稱為初祖。迦葉涅槃以後，阿難尊者繼領徒眾，後世稱為二祖。

俗稱釋迦佛為如來佛，這是錯誤的，因為如來和佛同是一切佛的通稱，並不能說明是某佛。比如稱人為先生、閣下不能說明是某人一樣。

大雄寶殿

三世佛

三身佛　有的大殿中不是一尊佛像而是三尊，這是根據大乘教理表示釋迦牟尼佛的三種不同的身。當中一尊是法身佛，名「毘盧遮那佛」，此云遍一切處，表示絕對真理就是佛身；左旁一尊是報身佛，名「盧舍那佛」，此云光明遍照，表示證得絕對真理而自受法樂的智慧是佛身；右旁一尊是應身佛，名「釋迦牟尼佛」，此云能仁寂默，表示隨緣教化各種不同的眾生的佛身。

三世佛　又有的大殿中也是三尊佛，卻是代表中、東、西三方不同世界中的佛。中間一尊是我們這個世界的釋迦牟尼佛；左邊是東方淨琉璃世界的藥師琉璃光佛，結跏趺坐，左手持鉢，表示甘露，右手持藥丸；右邊是西方極樂世界的阿彌陀佛（阿彌陀譯成中國語是無量壽），結跏趺坐，雙手疊置足上，掌中有一蓮台，表示接引眾生的意思。

三世佛旁邊有的各有二位菩薩立像或坐像，在釋迦牟尼佛旁的是文殊菩薩、普賢菩薩；在藥師佛旁的是日光菩薩、月光菩薩；在阿彌陀佛旁的是觀世音菩薩、大勢至菩薩。這六位菩薩是這三位佛的上首弟子（見《華嚴經》《藥師本願經》《觀無量壽佛經》）。

三世佛又有以過去、未來、現在為三世的。正中是現在佛，就是釋迦牟尼佛；東邊是過去的迦葉佛；西邊是未來的彌勒佛。

毘盧佛 有的大殿中只供一尊毘盧佛。毘盧佛是三身佛中的報身佛像。毘盧佛的蓮座是千葉蓮花。每一蓮瓣上有一尊小佛，那是應身釋迦佛。這是根據《梵網經》（卷下）所說：「我今盧舍那，方坐蓮花台，周匝千花上，復現千釋迦，一花百億國，一國一釋迦，各坐菩提樹，一時成佛道。」這一蓮瓣代表一個三千大千世界，整個蓮座代表華藏世界。

接引佛 淨土宗的寺院中，可以在大殿中供阿彌陀佛或接引佛。接引佛，這是阿彌陀佛立像，作接引眾生之像。右手垂下，作與願印；左手當胸，掌中有金蓮台。

五方佛 在有的寺院大殿裏塑的是五尊佛。正中是法身佛，名毘盧遮那佛；左手第一位是南方寶生佛，表福德，第二位是東方阿閦佛，表覺性；右手第一位是西方阿彌陀佛，表智慧，第二位是北方不空成就佛，表事業。這五佛，根據密宗的理論是綜合說明佛的意義。

十八羅漢　一般寺院的大殿兩側多奉有十八羅漢像。這是因為佛在涅槃以前，囑咐了十六位大阿羅漢，讓他們不要涅槃，常住世間為眾生培福德。其名字是：(1)賓度羅跋囉惰闍，(2)迦諾迦伐蹉，(3)迦諾迦跋釐惰闍，(4)蘇頻陀，(5)諾距羅，(6)跋陀羅，(7)迦理迦，(8)伐闍羅弗多羅，(9)戍博迦，(10)半托迦，(11)囉怙羅，(12)那迦犀那，

賓度羅跋囉惰闍

迦諾迦伐蹉

迦諾迦跋釐惰闍

蘇頻陀

諾距羅

跋陀羅

迦理迦

伐闍羅弗多羅

戌博迦

半托迦

囉怙羅

那迦犀那

因揭陀

伐那婆斯

阿氏多

注荼半托迦

降龍羅漢

伏虎羅漢

海島觀音

（13）因揭陀，（14）伐那婆斯，（15）阿氏多，（16）注荼半托迦（見《法住記》和《十六羅漢因果識見頌》）。五代以後或加上《法住記》的作者（難提密多羅）和《因果識見頌》作者（摩拏羅多）二人，成為十八羅漢；或錯將第一尊賓度羅跋囉惰闍分為二人，加難提密多羅（慶友）而作為十八羅漢的。

三大士 在正殿的佛像背後，往往有坐南向北的菩薩像。一般是觀音像或者是文殊、普賢、觀音三大士的像，文殊騎獅子，普賢騎六牙白象，觀音騎犼。

海島觀音 一般是在大殿背後

修海島，面北而設觀音像，立海島上。四周依《法華經．普門品》作觀音救八難的塑像。在觀音像兩旁有善財童子（出《華嚴經．入法界品》）和龍女（出《法華經．提婆達多品》）。

四、觀音殿（又名大悲壇）

觀世音菩薩　這是西方極樂世界的上首菩薩，表現一切佛的大悲心，所以是救世之最切者。因避唐太宗李世民的諱，後來簡稱觀音菩薩，他的形象有多種不同。一是聖觀音像，就是一首二臂，結跏趺坐，手中或持蓮花或結定印的尊嚴像，天冠中有阿彌陀佛像。又有「自

觀音殿

在觀音像」，就是一足盤膝，一足下垂，很自在的形象。像旁或有一淨瓶，盛滿甘露，瓶中插了柳枝，象徵觀音以大悲甘露遍灑人間。觀音像旁有一童男童女像，童女為龍女，因為《法華經．提婆品》中說有龍女成佛的故事，而觀音又是住在南海普陀洛伽山的，因此有「龍女拜觀音」的傳說。童子即善財童子，因《華嚴經》中說善財童子為求佛法，參謁五十三位善知識，其中曾謁觀世音菩薩而得到教益。

十一面觀音　一瞋面，化惡有情；二慈面，化善有情；三寂靜面，化導出世淨業。這三面教化三界便有九面。九面上有一暴笑面，是表示教化事業需要有極大威嚴和極大意樂方能無懈而成就。最上有一佛面，是表示以上一切總為成佛的方便。

千手千眼觀音　俗稱為千手佛，那是錯誤的。千手表護持眾生，千眼表觀照世間，都是大悲的表現。主要有四十二臂：(1)手下伸、掌向上，名施無畏手，除一切眾生怖畏；(2)持日手，救眼暗無光者；(3)持月手，救患熱病令清涼；(4)寶手，為眾官位者；(5)寶箭手，令善友早相遇；(6)淨瓶手，為求生梵天者；(7)楊枝手，除種種病難；(8)白拂手，除一切惡障；(9)寶瓶手，為調和眷屬；(10)盾牌手，辟一切惡獸；(11)鉞斧手，除一切王難；(12)髑髏寶杖手，役使一切鬼神；(13)數珠手，能得一切佛接引；(14)寶劍手，降伏一切鬼神；(15)金剛

千手千眼觀音

杵手，摧伏一切怨敵；(16) 鐵鈎手，能令龍王擁護；(17) 錫杖手，慈悲覆護一切眾生；(18) 白蓮花手，成就種種功德；(19) 青蓮花手，為生十方淨土；(20) 紫蓮花手，能見十方諸佛；(21) 紅蓮花手，能令生天；(22) 寶鏡手，成就大智慧；(23) 寶印手，成就大辯才；(24) 頂上化佛手（二手），為得諸佛摩頂受記；(25) 合掌手（二手），令一切人及鬼神愛敬；(26) 寶篋手，能得土中伏藏；(27) 五色雲手，令速成佛道；(28) 寶戟手，能辟除怨賊；(29) 寶螺手，號召天神；(30) 如意寶珠手，能令富饒；(31) 絹索手，令得安穩；(32) 寶鉢手，令身體安穩；(33)玉環手，令得僕役；(34)寶鐸手，令得上妙音聲；(35)五股杵手，能降伏天魔外道；(36)化佛手，生生不離佛；(37)化宮殿手，生生在佛宮殿中，不受胎生；(38)寶經手，令博學多聞；(39)金剛輪手，直至成佛終不退轉；(40)蒲桃手，令稼穀豐收。以上是經中所說。一般再加麥穗手、羯磨輪手、寶矛手、寶鍾手，成四十八臂。

四十八臂觀音　就前邊的千手觀音像，略去千手便是四十八臂觀音。一般千手觀音是立像，而四十八臂觀音是坐像。當然，千臂也好，四十八臂也好，都應當看作是觀音菩薩慈悲救世的無窮悲願的具體化，不必拘泥於事相。

五、地藏殿

地藏菩薩　這也是大乘經中所說的他方世界的菩薩，形象一般是結跏趺坐，右手持錫杖，表愛護眾生，也表戒修精嚴；左手持如意寶珠，表滿眾生的願。也有是立像的。又有在像兩旁侍立一比丘、一長者像的。這是因為在唐代有一位新羅（現在朝鮮）王子，出家名金地藏，來到我國安徽九華山，受到當地閔長者的供養。閔長者的兒子從他出家，法名道明。後人便稱他是地藏菩薩的化身，閔長者父子成為地藏的脅侍，而九華山就成為地藏菩薩的應化之地。

六、伽藍殿

大殿的東邊配殿一般是伽藍殿。伽藍是僧伽藍摩的省稱，義云眾園。當釋迦牟尼佛在世時，舍衛國有位長者名須達多，他能將財物佈施貧困，人們稱他為給孤獨長者。傳說他要請佛到舍衛國來說法教化，就同佛的弟子舍利弗選擇地方供佛和弟子們居住。經過再三考慮，選定了舍衛國太子祇多的花園。但是太子沒有出賣園林的意圖，便對給孤獨長者說：「你若能在我的園地上佈滿黃金，我便把花園賣給你。」給孤獨長者當真這樣做了。太子很受感動，便少要了他一部份黃金作為買回樹木的價錢，二人共同請佛來住。這便是印度有名的祇樹給孤獨園。

地藏菩薩

伽藍殿

後來舍衛國王波斯匿王也歸信佛教，為佛陀建立佛教的事業做出過很多貢獻。所以後代寺院的伽藍殿正中供的是波斯匿王，左方是祇多太子，右方是給孤獨長者，以紀念他們護持佛教的功德。

七、祖師殿

大殿西側為祖師殿，此種佈局以禪宗寺院最常見。但是其他宗派的寺院也往往仿效其制。殿的正中是梁時來華的禪宗初祖達摩禪師，左方是達摩六傳弟子、唐時的六祖慧能禪師，右方是慧能的三傳弟子、建立叢林制度的百丈懷海禪師。其他宗派的寺院，也有在祖師殿內加祀本宗祖師像的。

八、羅漢堂

在佛經中常常提到五百羅漢隨侍佛陀。佛滅度後，又有五百羅漢結集三藏的故事。但是五百羅漢的名稱並無詳細的記載，後人便從各經中錄出名號，有佛在世時的，有佛滅度以後的，也有杜撰的，既無次序，且極雜亂，共湊成五百羅漢之數，見於明高道素錄《乾明院五百羅漢名號碑》。也有加上十八羅漢成為五百十八尊的（詳見本書「漫談羅漢」一章）。這都是宋代以後形成的風氣。

羅漢堂

九、諸菩薩像

準提菩薩　又名七俱胝佛母，又稱準提觀音，為六觀音之一。其像有二臂、四臂、六臂、八臂、十臂、十二臂、十八臂、三十二臂、八十四臂等不同，通常是十八臂。《七俱胝佛母所説準提陀羅尼經》説：「應畫準提佛母像，身黃白色。結跏趺坐，坐蓮花上。身佩圓光。着輕縠，如十波羅蜜菩薩衣，上下皆作白色。」又云：「其像面有三目，有十八臂，上二手作説法相。右第二手作施無畏，第三手執劍，第四手持念珠，第五手掌俱緣果，第六手持鉞斧，第七手執鈎，第八手執金剛杵，第九手執寶鬘；左第二手執如意寶幢，第三手持開敷紅蓮華，第四手軍持，第五手羂索，第六手持輪，第七手商佉，第八手賢瓶，第九手掌般若梵夾。蓮花下畫水池。池中有難陀龍王、塢波難陀龍王托蓮華座。上畫二淨居天子。」

八大菩薩　各經有六種不同的傳説。（1）《般舟三昧經》所説：「颰陀和菩薩（賢護）、羅憐那竭菩薩（寶生）、憍曰兜菩薩（星藏）、那羅達菩薩（仁授）、須深菩薩、摩訶須薩和菩薩（大善商王）、因坻達菩薩和倫調菩薩（水天）。」《八吉祥神咒經》中説此八人求道已來無央數劫，於今未取佛，願使十方天下人民皆得

大勢至菩薩

文殊菩薩

觀音菩薩

普賢菩薩

佛道。若有急疾，呼此八人名字即得解脫。欲壽終時，此八人便飛往迎之。（2）《藥師經》所說：文殊師利菩薩、觀世音菩薩、得大勢菩薩、無盡意菩薩、寶檀華菩薩、藥王菩薩、藥上菩薩、彌勒菩薩。經中說有人願往生西方極樂世界而未堅定的，臨命終時八大菩薩指示西方道路。（3）《七佛八菩薩經》所說：文殊師利菩薩、虛空藏菩薩、觀世音菩薩、救脫颰菩薩、陀和菩薩（賢護）、大勢至菩薩、得大勢菩薩、堅勇菩薩。此八菩薩各說大陀羅尼，脫眾生現在諸苦及三途苦。（4）《舍利弗陀羅尼經》所說：光明菩薩、慧光明菩薩、日光明菩薩、教化菩薩、令一切意滿菩薩、大自在菩薩、宿王菩薩、行意菩薩。此八菩薩住在欲天，護念受持趣入一切諸法陀羅尼者。（5）《般若理趣經》所說：金剛手菩薩、觀自在菩薩、虛空藏菩薩、金剛拳菩薩、文殊師利菩薩、才發意轉法輪菩薩、虛空庫菩薩、摧一切魔菩薩。此八大菩薩攝菩提心、大悲心、方便三種，包括佛教一切真言門及一切顯教大乘。（6）《八大菩薩曼荼羅經》所說：觀世音菩薩、彌勒菩薩、虛空藏菩薩、普賢菩薩、金剛手菩薩、妙吉祥菩薩、除蓋障菩薩、地藏菩薩。通常所造八大菩薩像多依此經。

二十四諸天　出於《金光明經》。自從隋智者大師依據《金光明經．功德天品》制定《金光明三昧懺法》，為天台宗四種三昧法之一。後代依之又簡略成《齋天科儀》，為寺院中祭天的儀軌，因而依據《金光明經．鬼神品》等所說選定了二十位天神；到了明代，又增入道家四神成了二十四位天神，設位奉供。諸天像一般都供在大雄殿東西兩壁間，其次第如下：（1）功德天，（2）辯才天，（3）大梵天王，（4）帝釋天，（5）東方持國天王，（6）南方增長天王，（7）西方廣目天王，（8）北方多聞天王，（9）日天，（10）月天，（11）金剛密跡力士，（12）摩醯首羅天，（13）散脂大將，（14）韋馱天，（15）堅牢地神，（16）菩提樹神，（17）鬼子母，（18）摩利支天，（19）娑羯羅龍王，（20）閻魔

大覺寺二十諸天塑像

羅王，(21) 緊那羅王，(22) 紫微大帝，(23) 東嶽大帝，(24) 雷神。《國清百錄》卷一云：「佛座之左，置功德天座，右置四天王座。」宋遵式依《金光明最勝王經》撰《金光明懺法輔助儀》，知禮撰《金光明最勝懺儀》。元文宗時釋慧光每歲元旦修此懺儀。今南方寺院尚有舉行「供天」儀式的。

十八伽藍神　根據《七佛八菩薩大陀羅尼神咒經》卷四所說：「護僧伽藍神有十八人：一名美音、二名梵音、三名天鼓、四名巧妙、五名嘆美、六名廣妙、七名雷音、八名師子音、九名妙美、十名梵響、十一名人音、十二名佛奴、十三名嘆德、十四名廣目、十五名妙眼、十六名徹聽、十七名徹視、十八名遍視。」

摩訶迦羅　此云大黑天。唐義淨《南海寄歸傳》卷一《受齋軌則》中說：「又復西方諸大寺處，咸於食廚柱側或在大庫門前，雕木表形，或二尺三尺為神王狀。坐抱金囊，卻踞小床，一腳垂地，每將油拭，黑色為形，號曰莫訶哥羅，即大黑神也。古代相承云：是大天之部屬，性愛三寶，護持五眾使無損耗，求者稱情。但至食時，廚家每薦香火，所有飲食隨列於前。」又云：「淮北雖復先無，江南多有置處，求有效驗，神道非虛。」其像身黑色，極忿怒形，火髮上豎，三面六臂。正面具三目，左右二面各二目，右前手持寶劍橫膝上，以左前手執劍端，右下手握長跪合掌人頭髮，左下手持白羊角。左右上手共張一象皮於肩背後，貫穿髑髏以為瓔珞，以蛇為臂釧，坐圓座。我國藏語系佛教寺院多奉此像。

十、幾種造像的方法

由於造像所用的材料不同，方法約可分為九種：

第一金像，這是用薄銅板槌打成的。自西晉時即採用此種造像法。晉沙門竺道一於太和年中（三六六—三七零），在嘉祥寺造金鍱千佛像。《出三藏記集》所載《法苑雜緣原始集目錄》中有「定林（法）獻正於龜

戒台寺釋迦牟尼佛

茲造金鍱槌像記」。

第二鑄像，這是用銅或鐵鑄成的。六朝時期有極精美的小型鎏金銅鑄像，在背光後或像座上刻有銘文，甚可寶貴。

第三雕像，是用石或木或玉雕成的。魏齊以至隋唐都有不少的石雕造像流傳下來，其形式有一尊一石或多尊共一石的，有帶龕形的，佛座上刻有銘文。大型的石雕龕像叫作「造像碑」，一面以至四面都雕刻佛菩薩像。有的在下方刻有供養人像或者題名。

第四夾紵像，又叫作脱沙像。是先用泥捏塑成形，加上木架，蒙

南宋布袋彌勒佛

鳩摩羅什（三四四至四一三），著名的佛經翻譯家。

上紵麻布，然後施漆。等漆乾燥凝固後，再除去內中的泥土。晉法顯《佛國記》中說，于闐有夾紵佛像。

第五塑像，是用泥塑成的。現在甘肅敦煌石窟和炳靈寺石窟保存着不少六朝至唐宋的精美塑像。宋元明的塑像，各有風格不同。

第六瓷像，是用瓷造的。有素瓷和彩瓷的不同。唐代三彩瓷像最為名貴。

第七繡像，是用絲線在錦緞上繡成的。

第八織成像，也叫作緙絲像，是用絲和金線織成的。

第九泥像或陶像，這是用模型壓泥而成的小型佛像。泥像在唐代有一種特殊類型，叫作「善業泥像」。它是僧人逝世火葬後，用骨灰和泥壓製出來的佛像，在像背後有銘文題「大唐善業」等字樣。西藏喇嘛習慣用銅模壓泥造成各種佛像以為功德，藏語名為「刹刹」。清代帝后每逢壽日造萬佛像施獻各寺，大都是這種像。

佛教的制度

一、四眾弟子

佛教徒有四眾之分，就是出家男女二眾，在家男女二眾。出家男眾名為「比丘」；出家女眾名為「比丘尼」。比丘是梵語（印度古典語），義即乞食，言其乞食以自生活；又有怖魔、破惡、淨命等義。尼是梵語中女聲。俗稱比丘為「僧人」。僧是梵語「僧伽」之略，義為眾，凡三比丘以上和合共處稱為眾（舊譯作四比丘以上）。出家制度並不是佛教特有的，印度古代各教派都有出家的規定。其出家者統稱為「沙門」（舊稱「桑門」），義為止息一切惡行。印度其他教派既未傳入中國，於是沙門也就成為出家佛教徒的專用名稱了。世俗也稱比丘為「和尚」。和尚是印度的俗語，若用梵文典語則是「鄔波馱耶」，義為親教師，與習俗所稱師傅相同。世俗又稱比丘中的知識分子為「法師」，意謂講說經法的師傅。其中比丘、沙門二詞多用於文字；僧人、和尚多用於口語。至於彼此稱呼，對一般僧人則稱某某師，對上層人士稱某某法師，對寺院住持稱某某和尚。蒙藏地區稱僧人為喇嘛，相當於漢族地區所稱和尚，也是師傅的意思。俗稱比丘尼為「尼姑」。尼是比丘尼之略，姑是漢語。世俗也稱比丘為「大僧」，而稱比丘尼為「二僧」；或稱比丘為「首堂」，而稱比丘尼為「二堂」。這些稱呼都不見於經論，只是流行於民間而已。

在家男眾稱為「優婆塞」；在家女眾稱為「優婆夷」。優婆塞是梵語，義為清信士，又作近事男，言其親近奉事三寶。優婆夷義為清信女或近事女。俗稱在家佛教徒為「居士」，這是梵語「迦羅越」的義譯，原指多財富樂的人士，就是居積財貨之士，轉而為居家修道之士的稱呼。

佛教信徒願求出離家庭、獨身修道是要經過一定手續的。佛教從印度傳到中國，中國從漢唐到現在，由於地理和時代的不同，出家的程序，各有所不同。按照佛教戒律規定，佛教信徒要求出家，可以到寺院中向一位比丘請求作為自己的「依止師」。這位比丘要向全寺僧侶說明情由，徵求全體意見，取得一致同意後，方可收留此人為弟子，為之剃除鬚髮，並為之授沙彌戒（沙彌戒有十條），此人便成為「沙彌」。沙彌是梵語，義為勤策男，言其當勤受比丘的策勵；又有息慈之義，謂

碧雲寺大雄寶殿釋迦牟尼佛像、文殊普賢菩薩及佛的弟子。

當息惡行慈。沙彌最小的年齡是七歲。依止師對弟子負有教育和贍養的責任。俟其年滿二十歲時，經過僧侶的同意，召集十位大德長老，共同為之授比丘戒（比丘戒有二百五十條），此人便成為比丘。受比丘戒滿五年後，方可以離開依止師，自己單獨修道，遊行各地，居住各寺院中。在印度沒有度牒、僧籍或寺籍制度。沙彌戒和比丘戒都是個別人單獨受，不得集體同受。比丘戒最多許三人同時受。至於女子出家同樣要先依止一位比丘尼，受沙彌尼戒（沙彌尼戒也是十條）。至年滿十八歲時，受式叉摩那戒（式叉摩那戒有六戒），成為「式叉摩那尼」，義為學法女。經兩年後，至年滿二十歲，先從比丘尼、後從比丘受比丘尼戒（比丘尼戒有三百四十條）。這叫作二部受戒，成為比丘尼。當大乘佛教在印度盛行以後，修大乘法的比丘可以根據自願，從師受菩薩戒，但不是必須受的。

佛法傳入中國漢族地區以後，唐宋時代，出家者先要到寺院中作「行者」，服各項勞役，垂髮而不剃髮，可以從師受沙彌戒。等政府規定度僧的時日來到，經過政府的甄別，或經過考試及格，得到許可，給予度牒，並指定僧籍隸屬於某寺院，然後方取得僧人的資格，可以剃度為僧。此後再等機會前往政府許可傳戒的寺院中受比丘戒，受戒師也由政府指定。凡是不經政府許可、未得度牒而私自剃髮的僧尼，沒有寺籍，名為私度，要受到懲罰。到了宋初，年滿二十方得受比丘戒的規定被忽視了。常有七八歲的人便受比丘戒。至於菩薩戒仍是隨比丘的自願，可以隨時從師受，或者不受。

這種程序到了元代完全廢弛了。明末開始規定「三壇同受」的制度。出家的人先到寺院中請求一位比丘為「剃度師」，為己剃髮而不受任何戒。剃度師的僧籍屬於何寺院，自己的僧籍也同屬於這個寺院，為寺院的下一代。一般僧籍只屬於子孫寺院（俗稱小廟），而叢林寺院是不開僧籍的。遇到某一叢林寺院公開傳戒時（小廟是不許可傳戒的），前往該寺，在若干時日中先後受沙彌戒、比丘戒、菩薩戒，同時領取政府的度牒，而僧籍卻不由政府指定了。到乾隆時廢止了度牒，便只由傳戒的寺院發給戒牒而已。

現在蒙藏地區出家的程序，一般還是實行接近佛陀時代的比較原始的辦法，也沒有度牒和僧籍問題。

在家人信仰佛教，願意成為正式的在家佛教徒——優婆塞、優婆夷也要經過一定手續。在家佛教徒的基本條件是受持三歸，就是歸依佛、歸依法、歸依僧。歸依是投靠的意思，言其以自己的身心性命投靠於佛法僧，依佛法僧的教導行持。這裏所謂歸依佛，不是歸依佛的生身，而是歸依佛的道德品質；所謂歸依法，就是歸依

三世佛塑像

戒台寺

趣向涅槃的方法；所謂歸依僧，應是歸依佛所教導的大菩薩、大阿羅漢等。受持三歸，要經過一定的儀式，即請一位法師依照《三歸儀軌》為自己說明三歸的意義，自己表示從此以後，盡自己的一生歸依三寶。如是便成為優婆塞、優婆夷。與受三歸同時，或若干時以後，可以進而從師受五戒，其儀式也是請一位法師依照授五戒儀軌為己教導，自己表示一一遵守，便成為五戒優婆塞、優婆夷。隨着自己修學的進步，到一定程度，可以進而從師受菩薩戒，也是要請一位法師依照授菩薩戒儀軌為己教導，自己表示一一遵守，便成為菩薩戒優婆塞、優婆夷。受持三歸主要是歸依佛法僧，請師只是為了證明。如果認為請某法師為自己說明歸戒，便是歸依某法師了，那就有失歸依三寶的真實意義。

出家佛教徒和在家佛教徒在外表上，除了比丘要剃除鬚髮外，在衣服上也有所分別。比丘應蓄的衣服，根據佛教原始的規定，只有三衣，總名為「袈裟」。其中一件是「五衣」，是由五條布縫綴成的襯衣；一件是「七衣」，是由七條布縫綴成的上衣（平時穿着的）；一件是「祖衣」，是由九條以至二十五條布縫綴成的大衣（遇有禮儀或出外時穿着的）。每一條布又要一長一短（五衣）、二長一短（七衣）或三長一短（大衣）的布塊所合成。這種式樣

戒壇

叫作「田相」，言其如同田地畦隴的形狀，表示僧眾可為眾生的福田。但在中國寒冷地帶，只穿三衣是不夠的，如是在袈裟以下穿着圓領方袍的俗服。其後時代變遷，俗人的衣服改變了式樣，而僧人始終保持原樣，如是圓領方袍便成為僧服的特型了。在家佛教徒在平時只穿着俗服，在拜佛時可以穿着五條布縫綴成的「縵衣」，言其通縵無有田相。所以縵衣的每條不許用一長一短合成。沙彌和沙彌尼也只許穿着縵衣而不許穿着割截成的袈裟。

佛教徒中比丘、比丘尼是獨身修道的，必須清心寡慾，不是一件容易的事。因此佛教制定受比丘戒之前要有許多質問，凡是不合條件的人，是不允許受比丘戒的。例如：父母未曾允許，身有負債，身有痼疾或精神病，現任官吏及曾為比丘而違犯四根本戒，等等，凡有十三難、十六遮。至於受比丘戒以後，又厭倦出家的清苦生活，願意還俗，卻是極其容易的，只要對任何一人聲明，自己願意捨戒，便可以放棄比丘身份，改變獨身的生活。如若不捨戒，不放棄比丘身份，卻私自違反戒條，這叫作「破戒」，是不允許的。其他比丘可以檢舉，經過僧侶集會評判，要受到一定的懲罰。受五戒的在家居士也可以根據自願，隨時對任何一人聲明，放棄優婆塞、優婆夷身份。唯有菩薩戒是只有受戒，或者破戒，而沒有捨戒之說。

二、寺院制度

中國習慣，一般祭祀神靈的場所統稱為廟。佛教的廟宇，統稱為寺院；道教的廟宇，統稱為宮觀。古代官署叫作「寺」，如太常寺、鴻臚寺之類。佛教傳入中國漢地，是由漢明帝派遣使臣前往西域，請來攝摩騰等到洛陽而開始的。攝摩騰初到時，被招待在鴻臚寺。因為鴻臚寺是掌握賓客朝會禮儀的，其後政府為攝摩騰創立了館舍，也就叫作白馬寺。後世佛教的廟宇因此也稱寺。一寺之中可以有若干院，其後建築規模較小的寺便叫作「院」。比丘尼住的寺院多稱作「庵」。

印度的寺院，原有兩種：一種叫作「僧伽藍摩」。僧伽，義為眾；藍摩，義為園，意謂大眾共住的園林。僧伽藍摩，略稱為「伽藍」，一般都是國王或大富長者所施捨，以供各處僧侶居住的。一種叫作「阿蘭若」，義為空閒處，就是在村外空隙的地方，或獨自一人，或二、三人共造小房以為居住、清靜修道之所。或不造房屋，只止息在大樹之下，也可以叫作阿蘭若處。阿蘭若，簡稱為「蘭若」。佛陀時代的比丘除了三衣鉢具之外，不許有別的財產。因此僧伽藍摩是從任何地方來的比丘都可居住的場所，所以稱為十方僧物。比丘自建的阿蘭若，假如本人遠遊之後，就等於棄舍，任何比丘都可以遷入居住。僧伽藍摩又名「貧陀婆那」，義是叢林。《大智度論》卷三說：「多比丘一處和合，是名僧伽。譬如大樹叢聚，是名為林。……僧聚處得名叢林。」

僧侶居住在伽藍之中，是依受戒先後為長幼次序的。從受戒時起到七月十五日（農曆）為一臘。遇事集會的座位須按戒臘多少排列先後。戒臘最長的稱為「上座」。伽藍中一切事務要由全體僧眾集會來共同決定。凡事必須取得一致意見，方可辦理。其日常事務也由全體僧眾推定「知事僧」，負責辦理。此管理僧眾雜事的職務，梵名叫「羯磨陀那」。羯磨，義為「事務」；陀那，義為「授與」，義譯為「悅眾」（見《四分律行事鈔》卷一）。

中國漢地的寺院，自古也有寺院和蘭若之分。唐宋以來，創建寺院要向政府申請，得到許可，方准興建。寺院的名稱也由政府頒發。《舊唐書．職官志》說：「凡天下寺有定數，每寺立三綱，以行業高者充之。」註云：「每寺上座一人，寺主一人，都維那一人。」唐武宗滅佛法時，並省天下佛寺四千六百，蘭若四萬。其鄉村群眾公共所立奉佛之所，叫作「佛堂」。開元十五年（七二七）曾敕令拆除天下村坊佛堂小者，功德（佛像等）移入近寺（見《佛祖統紀》卷四十）。但是當時的寺院、蘭若、佛堂的制度如何，現在已難以詳考了。至唐百丈禪師創立禪宗寺院的清規（維持寺院清淨的規約），設置十務，分司各事（見《景德傳燈錄》卷六）。但是百丈所定的清規久已失傳，詳細情況不得而知。當時佛教各宗已先後成立。為住持者，身居一寺之主，各以其所秉承的宗派義理，傳授學人；其時寺院似無嚴格的宗派繼承問題。到了唐末以後，由於禪宗衣法相傳的習慣，於是寺院的住持有了世代的標稱，如南宋初正覺為天童寺的第十六世住持。然而那時寺院的修行法則還是隨着先後住持所秉承的宗派不同而時有變更的。住持所秉承的宗派與寺院的世代並不發生連帶關係。到了元時分天下寺院為禪、教、律，各守其業，不得變易。於是法派與寺院成了固定的關係，逐漸形成明清以至近代所通行的寺院制度。

近代的寺院大致分為兩類：一類叫作「叢林」或「十方」；一類叫作「小廟」或「子孫」。每個寺院都必定屬於一定的宗派，世代相承，很少任意更改的。然而其寺院對於本宗派的教義和修行法則多不講習，漸成有宗派之名，並無宗派之實。其十方寺院住持的繼承，多是師徒關係，經過傳法手續而確定。由前任住持以「法卷」寫明歷代傳承，授與弟子，成為法徒。一代住持可以有幾個或更多的法徒，繼承住持時在法徒中選任。十方寺院可以開堂傳戒。子孫寺院住持的繼承，也就是師

清規

徒關係，是由於住持為弟子剃度，成為剃度徒。一住持可以有眾多剃度徒。到繼承住持時在剃度徒中選任。子孫寺院是不許開堂傳戒的。凡寺院在其法派相承中有相接近的，稱為「本家」。寺院中如有重大事務或爭執，可以邀請本家的住持共同討論或調解。子孫寺院經本寺子孫的同意，可以改為十方；十方寺院則不許改為子孫寺院。一般而論，寺院是不許買賣的，但是子孫寺院經雙方同意，可以表面是讓而實際是有代價的。

寺院的組織，在唐代是由三綱（上座、寺主、維那）共同負責全寺事務的。三綱的人選由政府任命。到了宋代，寺主由當地州官和群眾備文邀請。宋人文集中常有請某某法師住持某寺的疏文。至於上座、維那等職便由寺主委任了。寺主改稱為住持，是由百丈禪師創立清規時定名的，意謂安住而維持佛法。世俗又稱住持為「方丈」，意謂所住的地方狹隘，只有方丈之地。王簡棲《頭陀寺碑》中說：「宋大明五年始立方丈茅茨。」又相傳唐高宗時王玄策奉使到印度，過維摩居士故宅基，用笏量之，只有十笏，所以號為方丈之室（見《法苑珠林．感通篇》），從此相沿稱住持為方丈。住持位居僧堂之首，故又稱為堂頭大和尚。子孫寺院的住持，除本人願意讓位外，一般都是終身任職。叢林寺院的住持，一般是六年一任，但可以連任，也有實行終身制的。住持退位以後稱為「退居和尚」。

百丈清規所立十務，是管理全寺勞作事務的。相傳百丈清規曾推行到全國的禪宗寺院，但是百丈清規到宋初已失傳，當時稱為「古清規」。現在只有宋楊億撰《古清規序》一篇（見元德輝編《敕修百丈清規》卷八）。宋元時各寺都有自己的清規，內容不盡相同。宋圓悟克勤的後嗣無量宗壽禪師有《日用小清規》；元中峰明本禪師有《幻住庵清規》。宋崇寧二年（一一零三）宗賾編《禪苑清規》十卷，他在《序》中曾經說：「叢林蔓衍，轉見不湛。加之法令滋彰，事更多矣。」咸淳十年（一二七四），惟勉編《叢林校定清規總要》二卷，《序》中也說：「朋輩抄錄叢林日用清規，互有虧闕。」元至大四年（一三一一），一咸又編《禪林備用清規》，序中說到各家清規「或以僧受戒首之，或以住持入院首之」。但是一咸卻以「祝聖」（祝皇帝壽）、「如來降誕」二儀冠其前，並且說其書只是備而不用。由此可見宋元時各寺清規甚為繁雜，各各不同。但都不叫作百丈清規。到了元至元四年（一三三八），德輝根據一咸所編，參考諸家，撰成《敕撰百丈清規》，始用百丈標名，實質是與百丈原制迥不相同。明洪武十五年（一三八二）、永樂二十二年（一四二四），先後敕旨推行清規。英宗正統七年（一四四二），又敕令重刊施行。可見清規的發展，由百丈創始，逐漸演變成為敕撰，以政府的命令加以推行，封建勢力逐步控制寺院，使佛教為封建主義服務；寺院的組織也喪失了佛教原來的平等的精神，塗上了封建主義的色彩。

寺院組織，除住持外，設有四大班首，八大執事等。四大班首是指導禪堂或念佛堂修行的；八大執事是專管全寺各項事務的。四大班首即首座、西堂、後堂、堂主，首座由住持聘請年高德劭的尊宿擔任，為全堂修行的模範，掌禪堂中號令之權。東為主位，西為賓位。本寺住持為主人，相當於東堂首座；其輔助住持教導修行的，待以賓禮，稱西堂首座，簡稱西堂。禪堂中原分為前堂後堂，總負其責的稱首座，或前堂首座；於是分任後堂責任的稱後堂首座，或簡稱後堂。堂主是在首座之下負

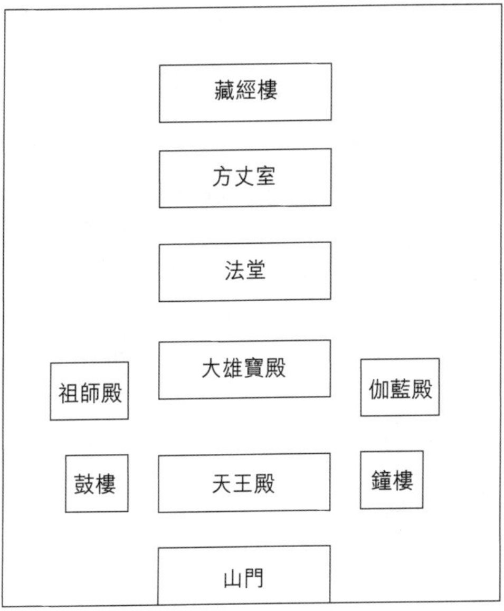

寺院佈局圖

責禪堂或念佛堂中事務的。在禪堂中的座位，門東是維那之位；門西順序為住持、首座、西堂、後堂、堂主的座位。也有在禪堂後方中間設一木龕，叫作「維摩龕」，專供方丈入堂坐禪時使用。

八大執事是監院（庫房負責人）、知客（客堂負責人）、僧值（又叫糾察）、維那（禪堂負責人）、典座（廚房、齋堂負責人）、寮元（雲水堂負責人）、衣鉢（方丈室負責人）、書記。監院綜理全寺事務，掌管全寺經濟。知客掌管全寺僧俗接待事宜。僧值管理僧眾威儀。維那掌管宗教儀式的法則。典座管理大眾飯食齋粥。寮元管理一般雲遊來去的僧侶。衣鉢輔助住持照應庶務，調和人事。書記職掌書翰文疏。八大執事都是每年一任，由住持任命之。

藏蒙喇嘛寺院的組織：第一叫「智果」，又叫「古學」，即是「呼圖克圖」。第二是「赤巴」，即戒行高深，經典嫺熟的住持，是寺中最高領導人，三、五年一任；較小寺院叫「堪布」。其下有掌經喇嘛，叫作「翁則」，負誦經課程及解釋疑義之責。鐵棒喇嘛，叫作「格果」，負督察喇嘛勤惰，有懲罰喇嘛及維持佛法之責。法神喇嘛，名叫「接巴」，負決疑卜筮之責。「根察」負統籌全寺事務，監察全寺出納。管家喇嘛，叫作「根巴」，掌管寺內財產及收支事宜。充本喇嘛，叫作「涅巴」，負經管貿易之責。

一九四九年以後，漢地及蒙藏地區的寺院先後經過民主改革，廢除了封建制度，通過民主協商，建立以住持為首的管理委員會，實行民主管理，分工協力，共同負責全寺事務，在寺院管理體制方面恢復了佛教的平等精神。

子孫寺院只由本寺僧侶居住，不接待外來僧眾。僧眾在外雲遊參學時可以到十方叢林居住，叫作「掛單」或「掛褡」。「單」是指僧人的行李，掛單便是將行李安放起來，暫不他往的意思。僧人住進寺院，首先住在雲水堂，言其如行雲流水，過而不留。在雲水堂住相當時期以後，經本人要求和住持同意，可以進禪堂或念佛堂，成為寺中的基本僧眾。住雲水堂可以隨時他往；住禪堂或念佛堂後，如要離寺他往，只能在每年正月十五日或七月十五日提出申請告別。禪堂或念佛堂的僧眾名額有一定的限額。

三、管理制度

所謂管理制度即歷代封建王朝統治僧侶、控制佛教的制度，現在雖已完全廢除，但為了認清封建統治的真實面目，故有了解之必要。

自佛法傳入中國以後，漢晉之時，出家人不多，政府也還未加以管理。到了石趙、苻秦、姚秦，由於佛圖澄、鳩摩羅什先後提倡，一般民眾因為不堪異族的殘酷統治而爭相出家，一時僧侶大增。封建統治者不得不建立管理防範的制度。於是姚興便藉口僧眾不能完全遵守清淨戒律，開始設立僧官，以僧䂮為僧主，僧遷為悅眾，法欽、慧斌掌管僧錄。僧錄就是僧眾的名冊。在姚興設立僧官的前數年，北魏太祖也在平城（今山西大同）以沙門法果為「道人統」，綰攝僧徒。到了北魏文成帝和平初（四六零—四六五）改名「沙門統」。北魏孝文帝太和十七年（四九三）制定《僧制》四十七條，又別設僧曹（曹是官署的意思），名叫「監福曹」。太和二十一年（四九七）又改名「昭玄曹」，主持僧務的叫「昭玄統」。統下設有都維那；其下有俗吏，如功曹、主簿等員，助理事務。各州鎮都有沙門曹，官職有維那、上座、寺主等。其後北齊、北周沿用魏制。

北朝僧侶眾多，異族統治者要加強控制，所以在中央和地方普遍設有僧官。南朝僧侶較少，多半集中在大都市，所以先只在僧侶集中的都市設立僧官，其後才設立全國性的僧官。南朝僧官的設立，見於記載的首先是晉末有蜀郡僧正，確切的記載是始於劉宋大明年中（四五七—四六四）。到了明帝泰始元年（四六五）才以僧瑾為天下僧正。泰始二年（四六六）曾一度設有都邑尼僧正和尼都維那，但是不久又廢除了。其時僧正一職漸趨浮華。《佛祖統紀》卷三十七說：「梁魏以來僧統盛飾儀仗，直擬於官府。」

隋統一中國，最初是繼承北周的制度，設有「國統」、「國都」（都是都維那的簡稱）。至大業三年（六零七），煬帝更定官制，改佛寺名「道場」。道場（佛寺）及道觀各置監丞（見《隋書．百官志》），其任職者當是俗官。唐初沿襲隋制，諸寺觀監隸鴻臚寺，每寺觀有監一人。貞觀中廢寺監。高宗上元二年（六七五），又置漆園監，不久又廢止。武后延載元年（六九四），改以僧尼隸祠部。德宗貞元間（七八五—八零四），又置左右街大功德使和東都功德使、修功德使，總管僧尼之籍和功役。兩街功德使下置僧錄。功德使是俗官，僧錄是僧官。武宗會昌二年（八四二），以僧尼隸主客，至六年（八四六）又改隸功德使。

宋代沿襲唐代制度，廢統立錄（《大宋僧史略．僧統》），以左右街僧錄司掌管寺院僧尼帳籍及僧官補授之事（《宋史．職官志》）。太平興國六年（九八一），又立右街副僧錄，知右街教門之事。

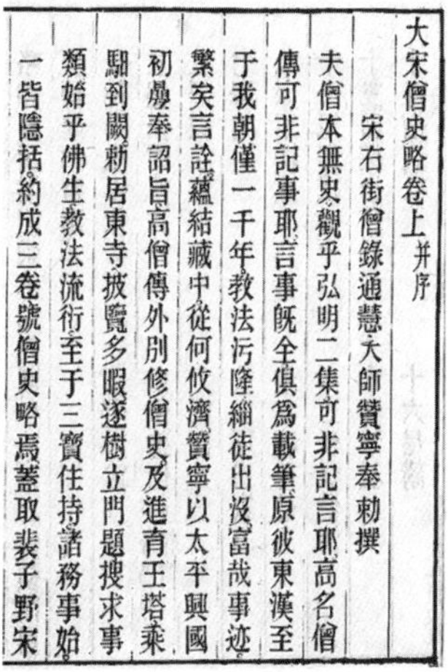

大宋僧史略卷上 并序

宋右街僧錄通慧大師贊寧奉勅撰

夫僧本無史。覩乎弘明二集，可非記言耶。高名僧傳，可非記事耶。言事既全，俱為載筆。原彼東漢至于我朝，僅一千年。教法污隆，緇徒出沒，富哉事迹，繁矣言詮，蘊結藏中，從何攸濟。贊寧以太平興國初，𦸗奉詔旨，高僧傳外，別修僧史，及進育王塔，乘馹到闕，勅居東寺，披覽多暇，遂樹立門題，搜求事類，始乎佛生，教法流衍，至于三寶住持，諸務事始，一皆隱括，約成三卷，號僧史略焉。蓋取裴子野宋

《大宋僧史略》

元代以異族統治漢地，利用佛教以維持其統治。政事中以佛事為首。設宣政院，秩從一品，掌管釋教僧徒及吐蕃（西藏）之境而隸治。江浙地方（原南宋區域）特設釋教總管。大德六年（一三零二）詔

僧官僧人犯罪由御史台與內外宣政院共鞠問。文宗至順二年（一三三一），立廣教總管府十六所，掌僧尼之政。十六所是京畿山後道、河東山右道、山東山左道、河南荊北道、兩淮江北道、湖北湖南道、浙西山東道、浙東福建道、江西廣東道、廣西南海道、燕南諸路、山東諸路、陝西諸路、甘肅諸路、四川諸路、雲南諸路，不久又廢止。

佛教基本知識明代設僧錄司、道錄司，掌管天下僧道。府州縣各設僧綱、僧正、僧會等。僧錄司置正六品左善世、右善世，掌印信；從六品左闡教、右闡教，督修坐禪；正八品左講經、右講經，接納各方施主，發明經教；從八品左覺義、右覺義，約束諸寺僧行，懲戒不守清規者。各府僧綱司設都綱、副都綱各一員。各州僧正司設僧正一員。各縣僧會司設僧會一員（《明史．職官志》）。這些官都是僧官。清代沿襲明代制度。清亡以後，這些官職便都廢除了。管理寺院之事改由內務部掌管了。

僧正、僧統或僧錄的主要責任是掌管僧籍。僧籍就是登記僧人名字及出家得度、所隸寺院的簿籍。最初籍錄沙門始於東晉。《弘明集》卷十二記載支道林與桓玄論州府求沙門籍事。當時沙門曾反對此事。至於北朝自姚秦設立僧官，便已立僧籍了。

《魏書．釋老志》說，延興二年（四七二）四月詔：「無籍之僧，精加隱括，有者送付州鎮。」又說：「（太和）十年（四八六）冬，有司奏：前被敕以勒籍之初，愚民僥倖，假稱入道，以避輸課。其無籍僧尼，罷遣還俗。」僧籍原是政府管理民眾出家的一種措施。無籍僧尼便是未經政府登記而私自出家的，那是違犯法令的。

到了唐代，僧籍三年一造。崇玄署令一人，正八品下；丞一人，正九品下，是掌管僧尼和道士女冠帳籍的。凡新羅和日本僧人入唐學問九年不還，便編入籍。每三年各州縣要造籍一次：一本留縣，一本留州，一本上祠部；道士女冠一本上宗正，一本上司封（《新唐書．百官志》）。據《佛祖統紀》卷四十七的記載，唐玄宗開元十七年（七二九）制定天下僧尼三年一造籍。文宗太和四年（八三零），祠部請允天下僧尼非正度者，許具名中省給牒。五年（八三一），又敕天下州郡造僧尼籍。自宋以後，直到清代乾隆年間，僧籍概由僧錄掌管。乾隆廢止度牒以後，政府不再掌握僧籍，也就無從考核其數目了。

政府既然掌管僧尼的簿籍，就必然要發給已登記的僧尼一張憑證，以資查考，這便是「度牒」。度牒制度始於何時，現在很難確定其年代，至少在北魏時，僧人赴各地旅行，須要各地政府的證明文件。《魏書．釋老志》記延興二年（四七二）

詔書說：「若為三寶巡民教化者，在外賫州鎮維那文移，在台者賫都維那等印牒，然後聽行。」所謂文移、印牒，都是臨時的旅行證明文件。唐神龍二年（七零六），規定天下的行者和童子須要考試經義，無有疑滯，方得度之為僧。當時主要是考《法華經》。但是有權勢的人納賄賣度，用錢三萬，便度為僧尼（《資治通鑒》卷二零九）。唐肅宗至德元年（七五六）為了籌集軍費，用宰相裴冕的計劃，由政府指定大德傳比丘戒，凡納錢一百緡者與度牒剃度。這是政府度牒收費之始。可見在此以前已經有度牒制度。《大宋僧史略．祠部牒》說：「唐祠部牒皆綾素、錦素、鈿軸，蓋綸誥也，非官何謂。」這說明唐代對於度牒是很重視的，等同於官吏的任命狀。肅宗乾元元年（七五八），又規定考試制度，凡白衣能誦經五紙者度為僧，或納錢百緡請牒剃度（《釋氏通鑒》卷九）。德宗建中三年（七八二），敕令天下僧尼身死及返俗的，其度牒應由三綱即日陳送本縣。由縣按月申送至州，匯總申報中央，與符誥一同注毀。在京城的就直接送交祠部（《大宋僧史略》）。

宋代度僧是有限制的，按比例度僧，有一百僧人的地方每年可以度一人出家。然而人民為飢餓所困，不得不湧向寺院，所以私度的甚多。宋真宗天禧二年（一零一八），曾一次度僧二十三萬餘人，給祠部牒。宋代度牒曾一度用紙造，偽造的很多。南宋高宗紹興三年（一一三三），仍舊用綾造度牒。宋代度僧既有限數而要求出家為僧者多，於是空白度牒便成為一種有價值的證券在社會上流通。首先是神宗熙寧元年（一零六八）由於河決年荒，用司諫錢輔言，出賣度牒。於是有宋一代便用賣度牒作為政府從事營造、賑災、籌餉等等的籌款辦法。甚而至於鈔票（會子）貶值，也是用度牒作價來收回。凡是篡改舊度牒或冒用死亡僧人的度牒，是要受到充軍發配的懲罰的。

這種度牒制度，元明清三代沿襲未改，清康熙十五年（一六七六）規定凡有私度者杖八十，為民；頂名冒替者杖四十，僧道官革職還俗。乾隆四年（一七三九）並規定官吏如若失察，罰俸三月。可見其限制的嚴苛。但至清乾隆三十九年（一七七四）便廢止僧道度牒。自此以後僧道只以各寺觀所給戒牒為憑而無度牒了。

佛教的儀式

一、日常行事

在原始佛教時期，僧眾的日常行事，除了出外乞食，每日各自進行修行。修行的方法有兩項：一是學習教理；二是修習禪定。學習教理聽佛說法，或互相討論；修習禪定是趺坐，或者經行（經行是在林間來往徘徊）。到了後來寺院中有了佛像，經典記錄成文字，於是有禮拜供養和讀誦經典的行儀。特別是大乘佛教徒往往以讀誦《普賢行願品》和修習五悔法門（禮敬、懺悔、勸請、隨喜、回向）為每日的常課。佛教傳入中國以後，最初也只是弟子各自隨師修行，沒有統一的日常行事。到東晉時，道安居住襄陽，有弟子數百，於是制定僧尼軌範三例：一是行香、定座、上經、上講之法；二是常日六時行道（日三時，夜三時）、飲食唱時之法；三是布薩、差使、悔過等法。當時天下寺舍普遍遵行。其具體條文今已失傳。其後南齊蕭子良有《僧制》一卷。梁光宅寺主法雲也創立僧制，現都不傳了。智者大師居天台山，創立止觀法門，規定寺眾分為三等：或依室坐禪，或別場懺悔，或知僧事。依堂之僧每日要四時坐禪，六時禮拜（見《國清百錄》）。其後各宗成立，都有行儀的規定，但現在已難考查了。

近代漢地寺院通行的日常課誦，是明末逐漸統一起來的。因為佛教在元代相當紊亂。明初稍加整頓，各寺的日常行事各各不同。其後逐漸統一，成為定規，就是每日有「五堂功課」「兩遍殿」。早殿：全寺僧眾於每日清晨（約在寅丑之間）齊集大殿，念誦《楞嚴咒》、《大悲咒》、「十小咒」、《心經》各一遍。念誦的起止都配有歌贊。其中《楞嚴咒》為一堂功課；《大悲咒》、「十小咒」等為一堂功課。事忙時可以只念後一堂。有的寺院在平日只念一堂功課，在節日念兩堂功課。《楞嚴咒》在西藏文經典中稱為《大白傘蓋總持陀羅尼經》，有息災的功用，西藏各喇嘛寺院也是每日念誦的。《大悲咒》出於《千手千眼觀世音菩薩廣大圓滿無礙大悲心陀羅尼經》，是觀世音菩薩的根本法門。關於「十小咒」的名稱和出處，列舉於下：

1、《如意寶輪王陀羅尼》，出《如意輪陀羅尼經》，也是觀音菩薩法門之一。

2、《消災吉祥神咒》，出《佛說熾盛光大威德消災吉祥陀羅尼經》。
3、《功德寶山神咒》，出處不明。
4、《佛母準提神咒》，出《佛說七俱胝佛母準提大明陀羅尼經》。
5、《聖無量壽決定光明王陀羅尼》。是元代人譯，無有經本，乃阿彌陀佛法門之一。
6、《藥師灌頂真言》，出《藥師如來本願功德經》。
7、《觀音靈感真言》，元代人譯，沒有經本，也是觀音法門之一。
8、《七佛滅罪真言》，出《陀羅尼雜集》。
9、《往生淨土真言》，即是《拔一切業障根本得生淨土陀羅尼》。
10、《天女吉祥真言》，出《金光明經》。

依真言宗的規則，凡持誦真言，必須依照儀軌，如法持誦，方有成就。這樣集合眾多真言，各念一遍，只是以念誦經咒的功德，回向護法龍天及諸鬼神，以祈願寺中安靜無難而已。

晚殿有三堂功課，就是誦《阿彌陀經》和念佛名；禮拜八十八佛和誦《大懺悔文》；放蒙山施食。誦《阿彌陀經》和念佛名是為自己往生西方淨土祈願。八十八佛是五十三佛和三十五佛。五十三佛名見《觀藥王藥上二菩薩經》，是娑婆世界的過去佛。三十五佛名出《決定毘尼經》，是現在十方世界的佛。這八十八佛都可以為眾生作懺悔主。因此向八十八佛申述自己改悔過惡的願望，是可以滅罪的。《大懺悔文》也出於《決定毘尼經》。唐不空三藏曾譯有《三十五佛名禮懺文》，可見在印度也是日常遵行的。蒙山施食是於每日中午的齋食，取出少許飯粒，到晚間按照《蒙山施食儀》念誦，施給餓鬼的。施食本來是真言宗的一種日常行事，但必須依照真言宗的儀軌，有一定的觀想、真言、手印，方得成就的。蒙山在四川雅安縣。相傳甘露法師在蒙山集成此儀，實際上原作者並不了解真言宗法則，只是在經典中雜亂選出一些真言，無有倫次，只由於真言宗在中國漢地久已失傳，於是不別是非地遵行而已。晚殿的三堂功課，在一般寺院中是單日念《阿彌陀經》和念佛；雙日拜八十八佛和念《大懺悔文》；蒙山施食卻是每日要舉行的。

除了早晚二殿外，僧眾於每日早齋和午齋時（早餐和午餐），要依《二時臨齋儀》以所食供養諸佛菩薩，為施主回向，為眾生發願，然後方可進食。至於晚餐，因為佛原制定過午不得進食，現在雖因健康和習慣不得不吃，所以不須念供。

二、節日活動

根據佛所制定的戒律，僧眾應當於每月望晦（農曆十五日、三十日）兩日齊集一處，共誦《戒本》，自我檢查有無違犯戒律之事。如有違犯，便應按照情節輕重，依法懺悔。懺是梵語「懺摩」的簡略，意是請予容恕。這一行事叫作「布薩」，義是「長養」，意謂可以斷惡長善。漢地簡稱為「誦戒」。

在全年之中，自農曆四月十五日到七月十五日的三個月中，應當定居在一寺之中，專心修道，不得隨意他往。這叫作「安居」，又叫作「結夏」「坐臘」。如因事延緩，不及定居，最遲也應在五月十五日定居下來，這叫作「後安居」。在安居日滿，即七月十五，僧眾仍應集合一堂，任憑他人對自己檢舉一切所犯輕重不如法事，從而懺悔。這叫作「自恣」。經過自恣之後，受戒的年齡算作增長一歲或是一臘。這是計算戒臘的日期，所以結夏也叫作坐臘。

在一年之中，佛教最大的節日有兩天：一是四月初八——佛誕日；二是七月十五日——自恣日。這兩天都叫作「佛歡喜日」。在佛誕節要舉行「浴佛法會」。就是在大殿用一水盆供奉太子像（即釋迦牟尼佛誕生像）。全寺僧侶以及信徒要以

浴佛節

香湯沐浴太子像，作為佛陀誕生的紀念。這太子像是數寸高的童子形立像，右手指天，左手指地。佛傳説，太子初誕生時，右手指天，左手指地而言曰：「天上天下，唯我獨尊。」一原來印度的習慣是尚右，所以右手指天，但是中國漢地的習慣是尚左，因此中國漢地所造太子像多半是左手指天，這是不合佛經的。

東南亞國家的佛教徒，根據上座部的傳説，以四月十五日為佛誕日，同時也是佛成道日、佛涅槃日。中國藏蒙地區也如此。佛成道以後，經過四十九日到鹿野苑，為五比丘開始説法。由四月十五日算起，經四十九天，到六月初四日為佛初轉法輪日。教徒此日應到寺院旋繞佛塔。又佛誕生後七天，佛的生母摩耶夫人便逝世而生在忉利天。傳說佛成道後，曾經有一年至忉利天安居，為母說法三個月，然後由天上從三道寶階下來人間，這便是九月二十二日。這天稱為「天降節」，各寺要舉行紀念儀式。此節在斯里蘭卡、緬甸等國家也盛行。

農曆七月十五日要舉行「盂蘭盆會」。這是根據西晉竺法護譯的《佛說盂蘭盆經》而舉行超薦歷代祖先的佛事。據該經說：目連（佛弟子中神通第一）的母親死後生為餓鬼，目連盡自己的神通不能救濟其母，佛告以要在每年七月十五日僧自恣時，以百味飲食供養十方自恣僧。以此功德，七世父母及現生父母在厄難中者，得以解脫。在漢地，最初舉行此儀的是梁武帝，大同四年（五三八）他在同泰寺設盂蘭盆齋（見《佛祖統紀》卷三十七）。其後大概在民間普遍舉行。到了唐代，每年皇家送盆到各官寺，獻供種種雜物，並有音樂儀仗及送盆官人隨行。民間施主也到各寺獻供獻盆及種種雜物（見《法苑珠林》卷三十二）。唐代宗大曆元年（七六六），改在宮中內道場舉行盂蘭盆會，設高祖以下七聖位。建巨幡，各以帝名綴幡上，自太廟迎入內道場，鐃吹歌舞，旌幢觸天。是日百官於光順門外迎拜導從。自是以後，每年如此。盂蘭是梵語，義是倒懸。盆是漢語，是盛供品的器皿。言此供具可以解先亡倒懸之苦。唐時盂蘭盆供極為奢麗，往往飾之金翠（見《大宋僧史略》）。當時長安城中諸寺七月十五日作花蠟、花瓶、假花果樹等，各競奇妙。常例皆於殿前鋪設供養，傾城巡寺隨喜，甚是壯觀（日本圓仁《入唐求法巡禮行記》卷四）。

到了宋代便不是以盆供僧，為先亡得度，而是以盆施鬼了。採用道家以七月十五日為中元節的傳説，印賣《尊勝咒》《目連經》。又以竹竿斫成三腳，高三五尺，上織燈窩之狀，謂之盂蘭盆，掛搭衣服、冥錢其上，焚之。拘肆樂人自過七夕，便搬目連救母雜劇，直至十五日止，觀者倍增（《東京夢華錄》）。寺僧又於是日募施主錢米，為之薦亡。後世更有放河

盂蘭盆盛會

燈、焚法船之舉（用紙糊船形，船上糊有鬼卒等）。這些都是民間習俗。

根據佛經中說，釋迦牟尼佛的誕生、出家、成道、涅槃同是四月八日。但是漢地習慣以四月初八為佛誕日，二月初八為佛出家日，臘月初八為佛成道日，二月十五為佛涅槃日。佛誕日舉行浴佛法會，其他三日也要在寺院中舉行簡單的紀念儀式。特別是臘八日，煮臘八粥以供眾，已成為民間的普通習俗。

除此以外，漢地各寺院又流傳一些不見於經典的諸佛、菩薩誕日的紀念儀式。如正月初一是彌勒菩薩誕日，二月二十一日是普賢菩薩誕日，三月十六日是準提菩薩誕日，四月初四是文殊菩

佛事活動

薩誕日，七月十三日是大勢至菩薩誕日，七月三十日是地藏菩薩誕日，九月三十日是藥師佛誕日，十一月十七日是阿彌陀佛誕日，特別是二月十九日觀音誕日，六月十九日觀音成道日，九月十九日觀音出家日。這些節日的傳說從何而起？很難考定。這些佛菩薩中，除彌勒菩薩、文殊菩薩是和佛同時的印度人外（其生卒年月也不可考），其餘佛菩薩都是佛所稱讚過的他方世界的佛菩薩，根本不可能用此世界的歲月時日來推算其誕日，何況也無歲月的記載。或有傳說，永明延壽禪師的生日是十一月十七日，而以永明為彌陀化身，就以此日為彌陀誕日；正月初一日是布袋和尚誕日，而以布袋和尚為彌勒化身，就以此日為彌勒誕日。

三、懺法與打七

改惡修善是佛教根本教義。特別是大乘佛教，認為人生是由久遠生死相繼而來，今後還須經無數生的修行，以至於成佛；其間最主要的是要消除以往無量劫中所造的罪惡，發願今後精進修行，永不退轉。因此，修習懺法便成為大乘修行的不可缺少的行儀。歷來通行的懺法有兩類：一類是集諸經所說，懺悔罪過的儀則；一類是依五悔法門，修習止觀的行法。

懺悔罪過的儀則，據《唐高僧傳．興福篇論》中所說，最早是劉宋時代的藥師行事。其後蕭齊竟陵王蕭子良撰《淨住子淨行法門》三十卷（全書今不傳，只有一卷收入《廣弘明集》中）。及至梁代有《大通方廣懺》，又名《大通方廣懺悔滅罪莊嚴成佛經》，其源始於荊襄，本以癘疾，祈誠悔過，感得平復，因約諸經抄撮成部（全書三卷，中土久佚，今編入《大正大藏經》第八十五函）。梁武帝曾製懺二部，一名《六根大懺》（今不傳），是梁武帝自己親行的，文中有云：「萬方有罪，在予一人」；一名《六道慈懺》，乃是歲中諸寺所行，即今所謂《慈悲道場懺法》，又簡稱《梁皇懺》。梁陳之際，懺法繁興，據《廣弘明集》卷三十六所載，有涅槃懺、六根懺、摩訶般若懺、金剛般若懺、勝天王般若懺、妙法蓮華經懺、金光明懺、大通方廣懺、虛空藏菩薩懺、方等陀羅尼齋懺、藥師齋懺等。《唐高僧傳．興福篇論》中尚舉有普賢別行、佛名、般舟等懺。這些懺法的行儀都已失傳，內容如何無從考定。以意推測，當是讀誦如上諸般經典，以誦經功德消滅罪愆。現在所通行的有《梁皇懺》《萬佛名懺》和唐知玄所撰《水懺》。梁武帝撰集《慈悲道場懺法》，原因是當時僧侶食肉，梁武帝召集京邑大德法師，進行辯論，根據《涅槃經》《楞伽經》等，制斷食肉，並令諸僧七日懺悔（見《廣弘明集》），所以這懺法叫作《慈悲道場懺法》。世俗訛傳此懺是梁武帝令寶志禪師纂輯，以度王后墮於蟒身之厄。這是宋人附會之談，不可置信。至於《水懺》的撰述，世傳知玄的前世是漢代的晁錯，誤斬袁盎，因此現身患人面瘡，痛苦異常。經異人指示，修此懺法，以水洗浣，而得解冤癒疾。這也是宋人的附會。考核其文字，實是節錄宗密所撰《圓覺經道場修證儀》而成，並非知玄自撰。

修習止觀的懺法，創始於天台宗智者大師，就是《摩訶止觀》中所說四種三昧的「半行半坐三昧」和「非行非坐三昧」；也就是《法華三昧行法》《方等三昧行法》《請觀音三昧行法》《金光明三昧行法》。《法華三昧行法》根據《法華經》；《方等三昧行法》根據《方等陀羅尼經》；《請觀音三昧行法》根據《請觀世音菩薩消伏毒害陀羅尼經》；《金光明三昧行法》根據《金光明經》。除《方等陀羅尼經》外，其他三經都有智者所撰註解。其行法見於《國清百錄》；唐荊溪湛然又作了一些《補助儀》。其組織的程序，是：（1）嚴淨道場，（2）淨身，（3）三業（身、口、意）供養，（4）奉請三寶，（5）讚嘆三寶，（6）禮拜，（7）懺悔，（8）行道旋繞，（9）誦經，（10）坐禪正觀實相。後代天台宗學者又遵照這樣組織形式，編輯了許多懺法，如宋遵式撰《往生淨土懺願儀》《熾盛光道場念誦儀》；宋知禮撰《大悲懺法》；明智旭撰《地藏懺》等。到了清代所撰各種懺法就更多了。天台宗制定懺儀的主要目的，是借禮敬、讚嘆、懺悔以安定心思，然後從誦經、坐禪兩方面正觀實相，如是周而復始的修行，以達到證悟。但是後世只注重禮拜、懺悔，而廢止了誦經與坐禪，是捨本而逐末，完全喪失了天台宗止觀要旨了。

無論懺悔罪過的儀則，或修習止觀的行法，都是佛教徒自己修行的方法，而不應成為替他人作佛事以謀求財利的手段。根據佛的教導，凡是在家信徒要修積功德為他人（生者或亡者）祈福，只有齋僧一法，漢唐以來一直遵行，如虞世南卒，唐太宗即於其家造五百僧齋。僧侶自己日常修持懺法以滅罪生慧，施主供獻飯食以增益福德，完全是兩件不同的事。其後僧人平時不能自修，遇有信徒施捨飲食或財物時，心生慚愧，於是日修持懺法。其後逐漸演變成為施主給以財物，指定僧人修何懺法、誦何經典的習慣。於是懺法成為寺院謀利的佛事，形同貿易，全無功德之可言了。

在禪宗和淨土宗盛行以後，禪宗以直接參究心性的本源為要務，淨土宗以專心念佛願求往生為目的，於是此二宗的主要修行儀式，不是禮拜懺法，而是於七日之中，除必要的飲食睡眠外，專心參究，或專心持名，這叫作「打七」；或者分為「打禪七」與「打淨七」。在禪宗寺院中，每年冬季都要舉行一七（一個七日）乃至十七（十個七日）的「打七」活動。

四、重要佛事

在寺院中所舉行的佛事，要以水陸法會為最盛大，以燄口施食為最經常，其次，齋天和放生也是常常舉行的。

水陸法會 全名是「法界聖凡水陸普度大齋勝會」。水陸法會的創始，相傳是梁武帝因夢中得到神僧的啓示，醒後受寶志禪師的指教，親自披閱藏經三年之久，方撰成此儀文。於天監四年（五零五）在金山寺依儀修設。但後經周隋變亂，此儀不行。到了唐高宗咸亨中（六七零—六七三）西京法海寺神英禪師夢中得異人指點，醒後從大覺寺吳僧義濟處得到梁武帝所撰水陸儀文。因常設此齋，遂流行天下（見《佛祖統紀》卷三十三）。但是據《廣弘明集》所載，梁武帝於天監三年（五零四）才捨道事佛，不可能在天監四年以前已經披閱藏經三年之久。水陸儀軌中的文辭完全依據天台的理論撰述的。其中所有密咒出於神龍三年（七零七）菩提流志譯《不空羂索神變真言經》，這不僅是梁武帝所不能見，也是咸亨中神英所不能知的。現在通行的水陸法會分內壇、外壇。內壇依照儀文行事，外壇修《梁皇懺》及誦諸經。所謂梁皇親撰儀文及神英常設此齋，可能只是指《慈悲道場懺法》而言，至於水陸儀文則是後人所增附的。

水陸法會的盛行是宋代開始的。宋熙寧中（一零六八—一零七七），東川楊鍔祖述梁武的舊儀，撰成《水陸儀》三卷，當時曾盛行於世。元祐八年（一零九三），蘇軾為亡妻宋氏設水陸道場，撰水陸法贊十六篇，因稱為眉山水陸。南宋時史浩路過金山，聞水陸法會之盛，特施給四明東湖月坡山田一百畝，專供四時修建水陸之費。乾道九年（一一七三），月坡山創建殿宇，四時啓建水陸大齋，史浩親撰疏辭，作《儀文》四卷。南宋末年，志磐又續成《新儀》六卷並製定像軸二十六軸。於是金山儀文稱為「北水陸」；志磐所撰稱為「南水陸」。《應庵曇華禪師語錄》卷五有在建康蔣山太平興國寺《王機宜為弟樞密相公設水陸請升堂法語》和在平江府報恩光孝寺時《悲濟會水陸升堂法語》。曇華是宋高宗時人，可見當時水陸佛事已很普遍。元《元叟端禪師語錄》有《朝廷作水陸升座法語》，其時是皇慶元年（一三一二）。《元史》卷二十八說：英宗至治三年（一三二三）製京師萬安、慶壽、聖安、普慶四寺，揚子江金山寺，五台萬聖祐國寺作水陸佛事七晝夜。其時月江正印禪師住持金山，其《語錄》中有《朝廷金山建水陸法會普說》，就是其事。《楚石梵琦禪師語錄》卷二十有明洪武元年、二年（一三六八、一三六九）兩次於蔣山禪寺水陸法會升座《法語》，這也是受明太祖敕旨舉行的。可見元明時對水陸佛事甚為重視。明袾宏又因金山寺本前後錯雜，不見始終頭緒，時僧行者亦復隨意各殊，乃取志磐儀軌重加訂正，成為《水陸修齋儀軌》六卷。清咫觀撰《法界聖凡水陸大齋普利道場性相通論》九卷，《法界聖凡水陸大齋法輪寶懺》十卷。現在通行的是清道光間儀潤匯集袾宏訂正的《水陸儀軌》。

根據如上所述的水陸佛事發展情況來看，水陸儀文是宋人創撰的。宋遵式《施食正名》中說：「今吳越諸寺多置別院，有題榜水陸者（中略），有題斛食者（中略），有題冥道者。」水陸與冥道是同一儀式的名稱。日本最澄、圓仁先後入唐求法，所攜回的密部經典中有《冥道無遮齋法》一卷（最澄）、《冥道無遮齋文》一卷（圓仁）。現在《阿婆傳抄》中有《冥道供》，其規模與水陸儀軌大致相仿。可見水陸法會是唐時密教的冥道無遮大齋與梁武帝的六道慈懺相結合而發展起來的。

到了宋代楊鍔又採取了密教儀軌而編寫成《水陸儀》。明蓮池（袾宏）大師既嫌金山寺本頭緒雜亂，可見原初創始未必是出於通家之手。現在金山寺本既不傳，無從考知其內容。總之，水陸法會是宋代盛興起來的一種佛教儀式，是可以斷言的。

瑜伽餤口　係根據《救拔餤口餓鬼陀羅尼經》而舉行的一種佛事儀式。經中說：佛在迦毗羅城尼具律那僧迦藍，為諸比丘並諸菩薩説法。爾時阿難獨居閒靜處習定。至夜三更，有一餓鬼，名曰餤口，於阿難前說：「卻後三日汝命將盡，生餓鬼中。」阿難心大惶怖，疾至佛所，陳說此

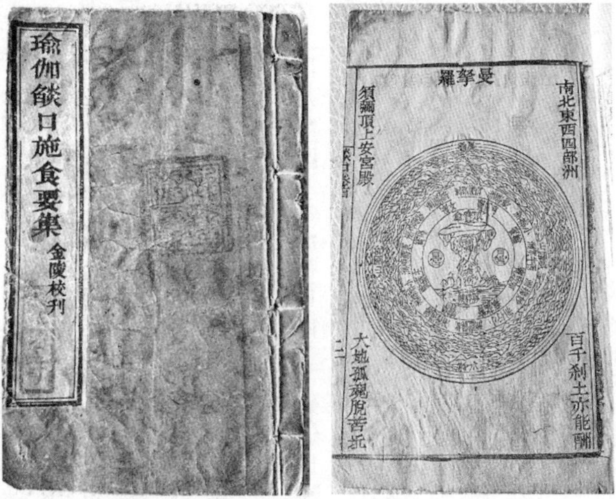

佛教典籍《瑜伽餤口施食要集》

事，並乞示教。時佛為說無量威德自在光明殊勝妙力陀羅尼，謂誦之即能免餓鬼苦，福壽增長。修此法時，於一切時，取一淨器，盛以淨水，置少飯麨及諸餅食等，右手按器，誦陀羅尼七遍，然後稱多寶、妙色身、廣博身、離怖畏四如來名號，取於食器，瀉淨地上，以作佈施。若施婆羅門仙，即誦此陀羅尼二七遍，投於淨流水中。若誦三七遍，奉獻三寶，則成上味奉獻供養。

此法的傳來，最初是唐武后時實叉難陀譯《救面然餓鬼陀羅尼神咒經》一卷和《甘露陀羅尼咒》一卷。面然就是燄口的異譯。其《救面然餓鬼陀羅尼神咒經》中所說的真言名變食真言。《甘露陀羅尼咒》所說真言名甘露真言。謂取一掬水，咒之十遍，散於空中，即成甘露。其後不空三藏譯出《救拔燄口餓鬼陀羅尼經》，與實叉難陀所譯同本。不空又譯出《瑜伽集要救阿難陀羅尼燄口儀軌經》、《瑜伽集要燄口施食起教阿難陀緣由》（即前《儀軌經》前半起源分別行）、《施諸餓鬼飲食及水法》。日本所傳尚有唐跋馱木阿譯《施餓鬼甘露味大陀羅尼經》。不空譯《瑜伽集要救阿難陀羅尼儀軌經》中的行法次第是：（1）破地獄真言，（2）召餓鬼真言，（3）召罪真言，（4）摧罪真言，（5）定業真言，（6）懺悔真言，（7）施甘露真言，（8）開咽喉真言，（9）七如來名，（10）發菩提心真言，（11）三昧耶戒真言，

（12）施食真言，（13）乳海真言，（14）普供養真言，（15）奉送真言。自此以後施餓鬼食便成為修密法者每日必行的儀式。日本入唐求法諸家曾攜回有關施食餓鬼的儀軌。空海著《秘藏記》中曾解釋施餓鬼法中五如來義。安然《八家秘錄》有《施餓鬼法》，列諸家將來經軌八部。但是在中國卻由於唐末五代之亂，隨着密教失傳而施食一法也失傳了。

宋代諸師對於施食一法是不夠了解的。在遵式《金園集》中有施食正名、施食法、施食文、施食觀想諸篇。其法並非密教儀軌，只是取經中真言，附以台宗觀想而已。其施食正名中說：「今吳越諸寺多置別院，有題榜水陸者（中略），有題斛食者（中略），有題冥道者。」斛食是指餤口施食。冥道是唐代的冥道無遮大齋，也是密教行法的一種。水陸是宋代興起的儀式。此三者在當時是混同着而無所區分的。宗曉有《施食通覽》一卷，首載《救面然餓鬼經》二譯，次錄《涅槃經》佛化曠野鬼神緣，《鼻奈耶雜事律》佛化魔子母緣及《寶雲經》中比丘乞食分施鬼畜文，次集諸家關於施食及水陸齋會之文。其中有仁岳《施食須知》一篇，也以為施曠野鬼神，施鬼子母救拔餤口餓鬼同是施食。《釋門正統》卷四《利生篇》也同此說。可見宋代諸家對於餤口施食曾企圖恢復而未得其道。

元代由於藏族喇嘛進入漢地，密教也隨之復興。藏經中有《瑜伽集要燄口施食儀》一卷，未註譯人。就其中真言譯音所用字考之，應是元人所譯。其次第與不空譯《救阿難陀羅尼燄口儀軌經》相同，其前增有三歸、大輪明王咒、轉法輪菩薩咒、三十五佛、普賢行願偈、運心供養、三寶施食、入觀音定，然後方破地獄。而後增尊勝真言、六趣偈、發願回向偈、吉祥偈、金剛薩埵百字明、十類孤魂文、三歸依贊。從此瑜伽施食之法得以復興。

明代，由於諸家傳承不一，各自以意增益，遂又形成雜亂。今所知者明代行法有《瑜伽燄口施食科儀》。其後天機禪師刪其繁蕪，成為《修習瑜伽集要施食壇儀》，世簡稱為《天機燄口》。天台靈操為之注，名曰《修習瑜伽集要施食壇儀應門》二卷，其中唯召請孤魂文不同。蓮池袾宏又因《天機壇儀》略加參訂，名曰《修設瑜伽集要施食壇儀》，略名《瑜伽集要施食儀軌》，並為之注，名《施食補注》。清康熙三十二年（一六九三），寶華山釋德基又因袾宏本略加刪輯，名為《瑜伽燄口施食集要》，世稱《華山燄口》。乾隆六年（一七四一），寶華山釋福聚又因之作《瑜伽施食儀觀》。此外又有康熙十四年（一六七五），釋寂暹著《瑜伽燄口注集纂要儀軌》。康熙二十二年刊《修習瑜伽集要施食儀軌》的跋文中說：「稟受師承不出一家，遂使流通經本大相徑庭。紛紜彼此，莫知適從。」清代佛寺流行的《餤口》，多為《天機》和《華山》兩種。

齋天 是後起的一種儀式。當天台宗智者大師依《金光明經》制定《金光明懺法》時，其中莊嚴道場是要依《金光明經》設大辯才天、大功德天和四天王座位。而懺文中依經奉請大梵尊天、帝釋天、護世四王、金剛密跡、散脂大將、大辯才天、大功德天、鬼子母等十一天眾。到了宋代修金光明懺，設諸天供，就隨意依據經文而增加之。諸天座次的排列也引起爭論。南宋紹興中（一一三一——一一六二）神煥撰《諸天列傳》，乾道九年（一一四三）行霆又撰《諸天傳》。設諸天供有十二天、十六天、二十天、二十四天、三十三天不等。

到了元代，便由金光明懺法略出供天一節，作為寺院中每年歲朝佛事。元省悟所著《律苑事規》卷十中說：「正旦元首，各寺祈禱規式不同，修光明、觀音懺法，或誦經文，或祇課咒。」又說：「正月旦，上元節，諸寺殿堂多修懺法，或供諸天。」《續釋氏稽古略》中說，元文宗時，天台宗的慧光法師於每歲元旦率眾修金光懺。這便是齋天所以興起的根源。明末弘贊律師就簡略的《金光明懺法》別撰《齋天科儀》，至今諸寺通行。

放生　中國漢地放生的習慣並不始於佛教。《列子．說符篇》說：「正旦放生，示有恩也。」可見逢節日放生，古已有之。而且《說符篇》中說：「客曰：『民知君之欲放之，競而捕之。死者眾矣，君如欲生之，不若禁民勿捕，捕而放之，恩過不相補矣。』簡子曰：『善！』」可見不僅有放生，而且有專門捕魚鳥以供放生的。

佛教提倡放生，首先是《梵網經》中第二十不行放生戒說：「若佛子以慈心故，行放生業。」又說：「故常行放生，生生受生常住之法。」《金光明經．流水長者子品》中說，佛往昔為流水長者子救十千魚事。《雜寶藏經》卷五說，

放生池

沙彌救蟻子水災，得長命報緣。漢地大規模放生始於天台智者大師。時有天台山麓臨海之民，舍扈梁六十三所為放生池。唐肅宗乾元二年（七五九），詔天下立放生池八十一所。顏真卿撰天下放生池碑。宋真宗天禧元年（一零一七），敕重修天下放生池。天禧三年（一零一九），遵式奏以杭州西湖為放生池。天聖三年（一零二五），知禮奏以南湖為放生池，於佛誕日為放生會。遵式《金園集》中有《放生慈濟法門》，知禮《四明教行錄》中有《放生文》，這都是放生儀軌。現在通用的《放生儀軌》也是依據《金光明經·流水長者子品》的大意編纂的。

盂蘭盆會　盂蘭盆會是漢語系佛教地區，根據《佛說盂蘭盆經》而於每年七月十五日舉行的超度歷代宗親的佛教儀式。經中說：目連以天眼通見其亡母生餓鬼道，受苦而不得救拔，因而馳往白佛。佛為說救濟之法，就是於七月十五日眾僧自恣時，為七世父母及現在父母在厄難中者，集百味飯食安盂蘭盆中，供養十方自恣僧。七世父母得離餓鬼之苦，生人、天中，享受福樂。這就是盂蘭盆會的緣起。此經是西晉竺法護譯的（但《出三藏記集》以為失譯），全文八百餘字，與此經同本異譯的還有東晉失譯的《佛說報恩奉盆經》，又名《報象功德經》。其文字更短，三百餘字。此外《開元釋教錄》卷十八《疑惑再詳錄》中有《淨土盂蘭盆經》一卷五紙，此經已佚。《法苑珠林》卷六十二引用其文，稱為《大盆淨土經》，說十六國王聞佛說目連救母脫苦之事，各造種種寶盆以盛飲食，獻佛及僧事。

關於竺法護譯的《盂蘭盆經》有許多註解。現存的有唐慧淨《盂蘭盆經講述》一卷，唐宗密《盂蘭盆經疏》一卷，宋元照《盂蘭盆經疏新記》二卷，宋普觀《盂蘭盆經疏會古通今記》二卷，宋遇榮《盂蘭盆經疏孝衡鈔》二卷，宋日新《盂蘭盆經疏鈔餘義》一卷，明智旭《盂蘭盆經新疏》一卷，清靈耀《盂蘭盆經折中疏》一卷，清元奇《盂蘭盆經略疏》一卷。

《盂蘭盆經》的經題解釋有兩種說法：一說盂蘭是梵音，義為倒懸；盆是華言，指盛食供僧的器皿。如唐慧淨《盂蘭盆經贊述》中說：「名餐香俎在於盆內，奉佛施僧以救倒懸之苦，故名盆也。」唐宗密《疏》云：「盂蘭是西域之語，此云倒懸；盆乃東夏之音，仍為救器。若隨方俗，應曰救倒懸器。」明智旭《新疏》、清靈耀《折中疏》、元奇《略疏》都用此說。第二說以為盂蘭盆三字都是梵語音譯。慧琳《一切經音義》卷三十四云：「盂蘭盆，此言訛也。正言烏藍婆拏，此譯云：倒懸。案西國法，至於眾僧自恣之日，云先亡有罪，家復絕嗣，亦無人饗祭，則於鬼趣之中受倒懸之苦。佛令於三寶田中供具奉施佛僧，祐資彼先亡，以救先亡倒懸飢餓之苦。舊云：盂蘭盆是貯食之器者，此言誤也。」（今按經文前段亦無以食物安盆中之語）宋遇榮《盂蘭盆經疏孝衡鈔》云：「經題者，梵語佛陀烏舍烏藍婆拏門佐羅素呾纜，華言：覺者説救倒懸器經。」「盂蘭盆會者，即今大宋翻經者言，此皆梵語訛略也。具正應云『烏藍婆拏』，孝順義，供義，恩義，倒懸義。盆亦訛略，舊云：盆佐那。新云：門佐羅，亦云：門佐曩，華言救器。以義回文，名救倒懸器。」此是遇榮與當時譯經院譯師商榷所得的解釋。

至於依據《盂蘭盆經》而舉行儀式，創始於梁武帝蕭衍。《佛祖統紀》卷三十七云：大同四年（五三八）帝幸同泰寺，設盂蘭盆齋。義楚《釋氏六帖》四十五云：「《宏明》云：梁武每於七月十五日普寺送盆供養，以車日送，繼目連等。」自此以後，成為風俗，歷代帝王以及群眾無不舉行，以報祖德。唐道世《法苑珠林》卷六十二《祭祠篇》云：「國家大寺。如長安西明、慈恩等寺……每年送盆獻供種種雜物及輿盆音樂人等，並有送盆官人，來者非一。」又云：「外有施主獻盆獻供種種雜事。」可見唐時風俗對於盂蘭盆供是很重視的。此後就更盛大的舉行。《佛祖統紀》卷五十一云：「（唐）代宗（李豫）詔建盂蘭盆會，設七廟神座，迎行衢道。」（又見卷四十一大曆三年〈七六八〉條）「德宗（李適）幸安國寺，設盂蘭盆供。」（又見卷四十一貞元十五年〈七九九〉條）《釋氏通鑒》卷九亦有類似的記載，並云歲以為常。宋贊寧《大宋僧史略》卷中《內道場》條中也記此事云，「造盂蘭盆，飾以金翠」。只是以前送盆往寺設供，至此改在宮內舉行，而供器更莊嚴了。民間對於盂蘭盆會也日見熱烈，如日本圓仁《入唐求法巡禮行記》卷四，會昌四年（八四四）條記云：「（長安）城中諸寺七月十五日供養，作花蠟、花瓶、假花果樹等各競奇妙。常例皆於佛殿前鋪設供養。傾城巡寺隨喜，甚是盛會。今年諸寺鋪設供養勝於常年。」不僅在家士庶競修供養，出家僧侶也各出己財，造盆供佛及僧。如宗密《盂蘭盆經疏序》云：「年年僧自恣日，四事供養三尊，宗密依之崇修，已歷多載。」

到了宋代，這種風俗相沿不改。但是盂蘭盆供的富麗莊嚴和供佛及僧的意義減少而代之以薦亡的行事。在北宋時如宋孟元老《東京夢華錄》卷八《中元節》條所說：「印賣《尊勝咒》、《目連經》。又以竹竿斫成三腳，高三、五尺。上織燈窩之狀，謂之盂蘭盆。掛搭衣服、冥錢在上，焚之。構肆樂人自過七夕，便搬目連經救母雜劇，直至十五日止。觀者倍增。」陸游《老學庵筆記》卷七亦云：「七月中旬，俗以望日具素饌享先。織竹作盆盎狀，貯紙錢，承以一竹……謂之盂蘭盆。」

宋高承《事物紀原》曾呵責其失云：「按《盂蘭經》曰：『目連母亡，生餓鬼中。』佛言：『須十方僧眾之力，至七月十五日具百味五果，以着盆中，供養十方大德。』後代廣為華飾，乃至割木割竹，極工巧也。今人第以竹為圓架，加其首以斫葉中貯雜饌。陳目連救母畫像，致之祭祀之所。失之遠甚矣。」但《事物紀原》尚無梵盆及掛冥紙之説，似尚是宋代早期風俗。及至南宋，如宋吳自牧《夢粱錄》卷四云：「七月十五日……僧寺於此日建盂蘭盆會，率施主錢米，與之薦亡。」

自後盂蘭盆會便成寺院中每年重要行事之一。元德輝重編《百丈清規》卷七《節臘章．月分須知》中云：「七月初旬，堂司預出盂蘭盆會諸寮看誦經單，預牽眾財辦斛食供養。十三日散楞嚴會。十五日解制。當晚設盂蘭盆會，諷經施食。」元明本《幻住庵清規》云：「七月十五日解制人事。此夜分啓建盂蘭盆勝會以濟幽爽，以報劬勞。此會亦須預出經單，請大眾隨意披閱。此會有開甘露門一壇，請依而行之。」這就説明盂蘭盆會的主要內容在於諷經施食了。這種儀式一直流行到明代。明袾宏《正訛集》中曾加以辯正云：「世人以七月十五日施鬼神食為盂蘭盆大齋之會，此訛也。蘭盆緣起目連，謂七月十五日，眾僧解夏自恣，九旬參學多得道者，此日修供，其福百倍，非施鬼神食也。施食自緣起阿難，不限七月十五。所用之器是摩竭國斛，亦非蘭盆。蓋一則上奉賢聖，一則下濟餓鬼，惡可得混？」清儀潤曾欲兩全其道，謂日獻蘭盆，恭敬三寶；夜施斛食，普渡鬼神。儀潤《百丈清規證義記》卷八中詳載《蘭盆儀軌摘要》，雲全卷見《蘭盆會纂》中。其中有淨壇繞經、上蘭盆供、眾僧受食諸儀節，又附蘭盆會約二十一條。但是各寺院遵行者不多，在群眾中仍多以薦亡度鬼為盂蘭盆會的主要行事。

佛教的勝跡

一、名山

自禪宗在唐代盛興以後，禪徒常常遊方學道，主要是尋師訪友，以求發明宗旨。如趙州從諗八十還行腳，汾陽善昭平生參八十一員善知識。當時所謂「參方」「行腳」，並沒有固定的去處。到唐末時，信徒集中朝拜的地方有四處：一是五台山——文殊菩薩聖地；二是泗州普光王寺——僧伽大聖聖地；三是終南山——三階教聖地；四是鳳翔法門寺——佛骨聖地。南宋寧宗時，由於史彌遠的奏請，制定禪院等級，有「五山十刹」的規定。以杭州徑山的興聖萬福寺、靈隱山的靈隱寺、南屏山的淨慈寺、寧波天童山的景德寺、阿育王山的廣利寺為五山；杭州中天竺的永祚寺、湖州的萬壽寺、江寧的靈谷寺、蘇州的報恩光孝寺、奉化雪竇資聖寺、溫州的龍翔寺、福州雪峰崇聖寺、金華的寶林寺、蘇州虎丘靈岩寺、天台的國清寺為十刹，成為禪徒遊方參請集中之地。到了明代，這些山剎久已衰歇，當時佛教界中也少有可以指導諸方的尊宿大德，於是在佛教徒中出現了參拜名山的習慣。一般佛教徒集中參拜的地方是四大名山：一是山西五台山，二是浙江普陀山，三是四川峨眉山，四是安徽九華山。四山之中以五台山最為有名。明代曾有「金五台，銀普陀，銅峨眉，鐵九華」之說。除四大名山之外，還有寧波的阿育王寺和雲南的雞足山等。

五台山 在山西省五台縣東北四十里。有東西南北中五峰對峙，相距各數十里，峰頂平廣如台，所以叫作「五台」。又叫作清涼山，因為山中盛暑時不覺炎熱。相傳此山是文殊菩薩示現之處。不僅中國漢藏蒙族如此傳說，即在印度和尼泊爾等國也同樣有此傳說。晉譯《華嚴經．菩薩住處品》（卷二十九）中說：「東北方有菩薩住處，過去諸菩薩常於中住。彼現在菩薩名文殊師利，有一萬菩薩眷屬，常為說法。」又唐菩提流志譯《文殊師利法寶藏陀羅尼經》說：「爾時世尊復告金剛密跡主菩薩言：『我滅度後，於此贍部洲東北方，有國名大振那，其國中有山，號曰五頂。文殊師利童子遊行居住，為諸眾生於中說法。』」元魏孝文帝時，此山即有盛名，建有寺院。唐儀鳳元年（六七六）罽賓國僧佛陀波利來唐，就是專為入山求見文殊菩薩的。據說他來到山中進入金剛窟，不再出來了。山中寺院甚多，有漢僧寺院，也有喇嘛寺院，各有十大剎最為著名。

普陀山　為浙江定海縣東一百五十里海中的一個島。「普陀洛迦」是梵語，義為小白華或光明，原是印度南方秣羅矩吒國海中山名，相傳是觀世音菩薩住處（見《大唐西域記》卷十）。唐宣宗大中元年（八四七），有梵僧來浙江，於此島潮音洞中見觀音菩薩瑞相，因建茅而居，並取以為名。梁貞明二年（九一六），日本僧慧鍔於五台山得觀音像，取歸日本，舟行至此，因築庵奉之。宋神宗元豐三年（一零八零），王舜封出使三韓，遇風濤，舜封望潮音洞叩禱，得平安濟渡。事還，以事奏聞，賜名寶陀觀音寺。自此以後，凡往來三韓、日本、阿黎、占城、渤海，取道放洋的人，多望山歸命，祈求平安，遂成為名山中的觀音聖地。山中有普濟寺（俗稱前寺）和法雨寺（俗稱後寺）二大剎。其餘寺庵甚多。有元代修建的多寶佛塔，傳為元宣讓王建，所以俗稱太子塔。

峨眉山　在四川峨眉縣西南，兩山對峙如峨眉故名。相傳古時有蒲翁入山採藥，得見普賢菩薩瑞相，其實是宋人的附會。原因宋太祖乾德六年（九六八），嘉州屢奏普賢顯相，因遣內侍張重進前往莊嚴瑞相。太宗太平興國六年（九八一），又造普賢銅像，高二丈餘，建大閣安置。其後屢加裝飾，增修寺宇。於是峨眉山成為普

峨眉山普賢菩薩

賢菩薩的聖地。

九華山 在安徽青陽縣西南四十里。唐天寶中，新羅王子金喬覺出家為僧，名地藏，航海至此。至德中（七五五—七五七），諸葛節為購地建寺。貞元十三年（七九七），金地藏寂，年九十九。明代因以金地藏為地藏菩薩化身而崇祀之。山中現有金地藏塔（俗稱肉身塔）。此山便成為地藏菩薩的聖地。

阿育王寺 在浙江寧波。相傳印度阿育王於一日一夜造八萬四千塔，供養釋迦佛舍利，佈置於南瞻部洲各地。中國有十九處（見《法苑珠林》卷三十八），現在唯存此一處，為西晉武帝太康二年（二八一）慧達（原名劉薩訶）在此處掘得。其塔非金玉銅鐵，又非岩石，作紫黑色。塔身四方形，每面刻一佛本生故事：薩埵王子變、舍眼變、出腦變、救鴿變等。上有露盤，塔中有懸鐘。佛舍利在鐘內，因建寺供奉，名阿育王寺。宋真宗大中祥符元年（一零零八），改名廣利寺。歷代以來，佛教徒來寺參拜舍利，未嘗中止。

雞足山　在雲南大理洱海東北一百里，地屬賓川縣。印度摩竭陀國有雞足山，是佛弟子迦葉尊奉佛命，持釋迦佛的僧伽黎衣（袈裟）入滅盡定，以候將來彌勒佛下生處（見《佛國記》、《大唐西域記》卷九）。此山原亦名雞足山，明人因附會此山即是摩訶迦葉入定處，興建許多寺院。滇、川、康的佛教徒多來此山參拜。

二、祖庭

1、三論宗祖庭

棲霞寺　在江蘇南京東北四十里攝山。劉宋明帝泰始中，處士明僧紹住此。時有法度自黃龍來，與僧紹交遊甚厚。僧紹歿後，舍宅為法度造寺，稱棲霞精舍。僧紹子仲璋秉父遺志，於山崖雕無量壽佛並二菩薩像。梁時遼東人僧朗，善《三論》及《華嚴》，來師事法度，稱為三論宗初祖。朗歿，弟子僧詮，詮弟子慧布繼住山寺。隋文帝於天下各州立舍利塔，此寺是其一。現有佛舍利塔，是五代時重修。基座及塔身雕飾精美。塔基上雕八相成道像。寺門外有唐高宗製《明徵君碑》。

嘉祥寺 在浙江紹興縣，三論宗僧詮傳弟子法朗，朗傳吉藏，藏居此寺講學，世因稱之為嘉祥大師。唐初吉藏入長安，其學說有所改變，世稱其學派為新三論宗。

2、天台宗祖庭

天台山 在浙江天台縣北三里。晉宋時名僧多在此山修習禪定。天台宗初祖慧文在河北，二祖慧思住湖南南嶽，三祖智於顗陳太建七年（五七五）來居此山，大弘祖業。世因稱此學派為天台宗。山下國清寺是天台宗根本道場。寺前崗上有九層磚塔，是隋代所建，宋代重修。寺門前有寶塔七座。山上真覺寺是智者塔院，祖殿中有六角智者大師真身寶塔。正面有龕，內奉大師像。拱壁間原雕大師生平事跡。山中寺院甚多，寶相寺是大師入滅處，有彌勒像及智者大師入滅塔。國清寺門前有唐天文家一行禪師墓塔。

玉泉寺　在湖北當陽縣玉泉山東南麓，智者大師，在此寺講《法華玄義》和《摩訶止觀》。今寺大殿前有隋大業十二年（六一六）造大鐵鍋及元代鑄鐵鐘、鐵釜各二。寺左有觀音像碑，相傳是唐吳道子畫，碑高七尺。寺前隔溪有宋嘉祐六年（一零六一）建十三級鐵塔，高十七點九米，形式優美。

延慶寺　在浙江寧波市。北宋時中興天台教觀的知禮於至道二年（九九六）居此，也稱之為四明尊者。明永樂中列此寺為天下諸宗名山的第二山。

3、慈恩宗祖庭

慈恩寺　在陝西西安市。唐貞觀二十二年（六四八）高宗為太子時，為其母文德皇后建，所以名為慈恩寺。寺極弘大，總有房舍一千八百九十七間。延玄奘為上座，於寺西北立翻經院，玄奘在此譯經。弟子窺基秉承其學。玄奘卒後，窺基繼任此寺。所以世稱其學派為慈恩宗。永徽三年（六五二），玄奘仿西域制，造五級磚塔，高一百八十尺，面方一百四十尺，以安置梵筴，名曰「雁塔」（印度摩竭陀國

大雁塔

昔有伽藍，住小乘僧，食三淨肉。後時求三淨肉不得，會有群雁飛翔。有僧戲曰：「今日僧供不充，菩薩應知是時。」時有一雁應聲自墮而死。群僧慚愧，更不食三淨肉。仍建塔埋之，名曰雁塔（見《大唐西域記》卷九）。武后長安中改建為七級。其後屢經重修。原有四門楣尚是唐初原物，刻有佛像。塔外壁有褚遂良書《大唐聖教序》碑。

興教寺　在陝西長安縣。寺有玄奘三藏及其弟子窺基、圓測三塔。玄奘塔在中央，南面五層，約高七十尺。塔後有唐劉軻撰《大唐三藏大遍覺法師塔銘》碑。窺基塔在玄奘塔東，面西；圓測塔在西，面東，皆三層，高約十七尺。有《大慈恩寺基公塔銘》及《大唐西明寺大德圓測法師舍利塔銘》二碑。二塔初層中有木雕窺基及圓測像，皆宋代作品，今不存。

4、賢首宗祖庭

法順和尚塔　在陝西西安市南樊川崗上，是賢首宗初祖法順和尚墓塔。

五台山清涼寺　賢首宗初祖法順，二祖智儼均住終南山至相寺。三祖法藏，號賢首，世因稱其學派為賢首宗。法藏歿後，澄觀私淑其學，住五台山清涼寺，撰新譯《華嚴經疏》及《隨疏演義鈔》，以竟法藏未竟之志。世稱澄觀為清涼大師。

草堂寺　在陝西戶縣東南圭峰下，相傳是姚秦鳩摩羅什譯經之處。賢首宗五祖宗密居此，世稱宗密為圭峰禪師。寺有鳩摩羅什塔。宗密葬於東小圭峰，有唐裴休撰並書圭峰禪師碑，今移置於草堂寺鼓樓內。

5、律宗祖庭

道宣律師塔　在陝西長安終南山。印度的律學有五部不同：（1）摩訶僧祇部《僧祇律》；（2）薩婆多部《十誦律》；（3）曇無德部《四分律》；（4）彌沙塞部《五分律》；（5）迦葉遺部律（未傳漢地）。姚秦以後，《十誦律》甚弘南北；

《僧祇律》行於江南；元魏以後《四分律》大盛。入唐又分為三家：（1）法礪住相州（今河南安陽）同光寺，著《四分律疏》，為舊疏，稱為相部宗。（2）懷素住長安崇福寺東塔院，著《四分律疏》，為新疏，稱為東塔宗。（3）道宣住終南山豐德寺，著《四分律行事鈔》，稱為南山宗。其後新舊二家失傳，南山一宗獨盛。

大明寺　在江蘇揚州市。原名棲靈寺，唐稱大明寺，清改名法淨寺（一九八零年鑒真和尚像回國巡禮，恢復大明寺名——編者）。唐道宣的再傳弟子鑒真在此寺講律。後赴日本，大弘律學，開日本佛教和文化的先河。在日本奈良建唐招提寺，鑒真塔即在該寺後院。

寶華山隆昌寺　在江蘇句容縣北七里。元代律學廢絕。明末寂光居此寺，中興律宗，為寶華第一世。其後讀體、德基、真義、常松、實泳、福聚相承，為有清一代律宗根本道場。

6、真言宗祖庭

大興善寺　在陝西西安市。唐天寶中師子國（今斯里蘭卡）不空三藏居此，屢設灌頂道場，建立了真言宗，並譯出眾經。寺有徐浩書不空三藏碑。真言宗的傳承是以毘盧遮那為初祖，普賢金剛薩埵為第二祖，龍猛為第三祖，龍智為第四祖，金剛智為第五祖。金剛智於開元七年（七一九）來華，傳弟子不空為第六祖。

青龍寺　在陝西西安市，原唐長安城延興門內新昌坊。唐不空三藏弟子惠果住此寺東塔院，世稱為真言宗第七祖。貞元二十年（八零四），日本僧空海入唐求法，從惠果受灌頂，傳金剛界、胎藏界兩部大法並受傳法阿闍梨灌頂。回日本後，在高野山建立了日本的真言宗。其後日本僧圓仁、圓載、圓珍、真如、宗睿先後入唐，皆在此寺受學真言宗法。此寺宋時已圮廢，今立碑其處以為紀念（按：今於遺址建惠果空海紀念堂）。

7、淨土宗祖庭

東林寺　在江西廬山西北麓。東晉太元十一年（三八六），刺史桓伊為慧遠建。慧遠於山中立般若台，安彌陀三聖像，集道俗一百二十三人立誓，期生西方極樂世界，號為「蓮社」。宋時尊慧遠為蓮社初祖。寺東崗石室中有八角覆鉢形慧遠塔。

塔右方有石造圓竇、藏骨室。宋元以來，淨土宗成立，奉慧遠為淨土宗初祖。

玄中寺　在山西交城縣西北二十里石壁山中。元魏曇鸞在此依《十六觀經》修淨業，願生西方極樂世界。唐初，道綽於玄中寺見曇鸞遺跡，因專修淨業，並教人念佛，用木槵子記數。善導從道綽學，後至長安教化道俗，一心持名念佛。宋人奉善導為淨土宗二祖。在淨土法門的傳承上，曇鸞的功績是不可泯滅的。日本淨土宗亦尊此寺為祖庭。

靈岩寺　在蘇州靈岩山。原是春秋時吳王夫差館西施處，叫作「館娃宮」。梁天監中始建為寺。其後為禪寺。近代印光法師住此寺，改宗淨土，專修念佛法門。

8、禪宗祖庭

少林寺　在河南登封縣嵩山少室山五乳峰下。北魏太和二十年（四九六），孝文帝為佛陀禪師建。菩提達摩來此，於寺凝修壁觀，建立了禪宗。歷代以來屢經重修。現存鼓樓仍是元大德六年（一三零二）原建築，柱石雕刻甚為富麗。禪宗的傳承以達摩為初祖。在少林寺西北二里許有初祖庵，建於宋代，石柱上有宋宣和七年

少林寺山門

（一一二五）題字。寺西南八里原有二祖庵，中有二祖像。

匡救寺　在河北成安縣。二祖慧可於此說法。相傳達摩為二祖說法於此。

山谷寺　在安徽潛山西北三十里三祖山。有三祖僧璨大師塔。宋黃庭堅居此寺，因自號山谷。

真覺寺　在湖北黃梅東北二里馮茂山上。四祖道信、五祖弘忍居此。禪宗至五祖始盛，門徒常過千人。世稱之為東山法門。

南華寺　在廣東韶關南六十里處。原名寶林寺。禪宗六祖慧能開法於此。有六祖肉身塔。六祖真身猶存，供於六祖殿內。六祖以下分為南嶽、青原二支。南嶽支下分出臨濟、溈仰二宗；青原支下分出曹洞、雲門、法眼三宗。臨濟宗後又分為黃龍、楊歧二派。楊歧下又有虎丘和大慧兩派。

（1）溈仰宗

唐靈祐居溈山，祐弟子慧寂居仰山，共建立溈仰宗，但是流傳不廣，自晚唐以至宋初，約一百五十年便衰歇了。

溈山　在湖南寧鄉縣。山頂為廣野，平田千畝。古來住僧耕作，人稱「羅漢田」。山有密印寺，即靈祐所居。

仰山　在江西宜春縣南八十里。山有棲隱寺，宋時改名太平興國寺。慧寂於此大建法幢。

（2）曹洞宗

唐良價住洞山，弟子本寂住曹山，共建立曹洞宗。

洞山　在江西宜豐縣東北五十里。山有普利院，唐大中年間，良價住此。世稱其禪風為洞上宗風。

曹山 在江西宜豐縣東北三十里，山有荷玉寺，本寂住此，大振洞上禪風。

天童山 在浙江寧波。晉初創建寺宇。原名太白山，寺名天童。其後寺屢有興廢。唐代復興。宋建炎三年（一一二九），正覺禪師住此，為寺第十六世，於曹洞宗為第十世，大振曹洞宗旨，立「默照禪」。寶慶元年（一二二五），如淨住持（曹洞宗第十三世）此寺。日本道元入宋，從如淨受學，回國後建立日本的曹洞宗，即為始祖。明代以此山為天下禪宗五山的第二山。明成化中（一四六五—一四八七），有日本僧雪舟來此寺為首座。雪舟善繪畫，名振藝壇。

（3）雲門宗

大覺寺 在廣東乳源縣北雲門山，原名光泰禪院。五代時文偃住此，大弘禪法，建立雲門宗，在北宋時極為繁盛，南宋末便衰歇，流傳約二百年。

（4）臨濟宗

臨濟禪師塔 亦名「青塔」，在河北正定。正定城南二里臨濟村有臨濟寺。唐義玄住此，建立臨濟宗。此寺於抗日戰爭時被毀。今唯存臨濟禪師塔。

黃龍山 在江西寧州西南八十里。山有永安寺，一名黃龍院。宋仁宗時慧南（臨濟宗八世）住此，大振禪風，建立黃龍派。

楊歧山 在江西萍鄉縣北七十里，是戰國時楊朱泣歧之處。寺名普通禪院。宋時方會（亦臨濟宗第八世，與慧南為同門）住此，大弘道法，建立楊歧派。

虎丘靈岩寺 在江蘇蘇州虎丘。春秋時吳王闔閭葬此。晉竺道生説法處。宋紹興四年（一一三四），臨濟宗楊歧第五世紹隆住此，建立虎丘派。

徑山 在浙江杭縣，寺名能仁興聖萬壽寺，簡稱徑山寺。宋紹興七年（一一三七），楊歧派第五世宗杲居此（與紹隆為同門），立話頭禪，世稱大慧派（大慧是宗杲的封號）。

黃檗山 在福建福清縣西二十里，有寺名萬福寺，唐希運禪師（臨濟義玄之師）曾居此。明崇禎九年（一六三六），隱元隆琦住持此山，於清順治十一年（一六五四）渡日本，在日本宇治縣建萬福寺，創日本黃檗宗。

金山寺 在江蘇鎮江。東晉元帝時創建。宋時以修水陸法會知名。一度為雲門宗道場。蘇東坡相熟的佛印禪師（雲門宗第五世）住此。南宋以後便成為臨濟宗的主要寺院。

（5）法眼宗

清涼寺　在江蘇南京城內。五代時文益居此，立法眼宗（法眼是文益的封號）。流傳大約百年，便衰歇了。

佛教文化藝術

一、佛畫

中國佛畫，創始於三國時的曹不興，他見到康僧會所設佛像，便儀範寫之。到東晉時，其弟子衛協，時稱畫聖，畫有七佛圖。衛協的弟子顧愷之，在瓦官寺壁畫維摩像，時人捐十萬錢爭取一觀。劉宋時有陸探微，梁時有張僧繇。舊時畫法多係平面而無陰陽明暗之分，僧繇創為沒骨皴法，不先以筆黑鈎研而以色渲染。齊時著名佛畫家有曹仲達，隋有展子虔，唐初有

佛畫

尉遲乙僧等。到開元中吳道子集諸家之大成，為古代佛畫第一人。其弟子以盧楞伽為最。中唐德宗時周昉創作水月觀音之體。五代時貫休以畫羅漢知名。其他如王齊翰等亦為名家。五代以前繪畫佛教圖畫，都能莊嚴妙好，從形容儀範中體現佛菩薩清淨端嚴、慈悲靜穆的道德品質。宋代以後文人畫興，於是佛教畫分為兩種流派，其一繼承隋唐規矩，不失尺度，如宋李公麟、馬和之，明丁雲鵬、仇英、商喜，清禹之鼎、丁觀鵬等；其一則不拘繩墨，以古樸奇譎為高，如宋梁楷，明陳洪綬，清金農、羅聘等是。若就佛法言之，詭譎形態是畫佛菩薩像所不應取法的。

二、版刻

中國是發明造紙和印刷術最早的國家。公元前一世紀已有紙張出現。二世紀初，蔡倫改進了造紙方法。此後書籍全靠人們在紙上抄寫來傳播。到了八世紀前後，又發明了刻版印刷術，幾百部幾千部書可以一次印成，比過去手寫時代，向前躍進了一大步。

寺院和佛教徒們很早就利用民間新興的刻版印刷術，作為宣傳佛教的工具。除了捺印的小塊佛像以外，有時刻些大張佛像和律疏。唐末司空圖為洛陽敬愛寺僧惠確寫的雕刻律疏文，曾說印本共八百紙，可見那時寺院已有施捨用的律疏印本了。敦煌發現的唐咸通九年（八六八）王玠出資雕刻的卷子本《金剛經》，是現存最早的木刻印書，用紙七張綴合成卷。第一張扉畫釋迦牟尼佛説法圖，刀法遒美，神態肅穆，是一幅接近版畫成熟期的作品。這卷舉世聞名的唐代刻本佛經，已於二十世紀初被英國人斯坦因竊去，真令人切齒痛心。

近年成都唐墓中出土了一張成都府卞家印的梵文陀羅尼經，中央刻一小佛像坐蓮座上，外刻梵文經咒，咒文外又圍刻小佛像。這是國內僅存的最古的唐刻本。那時成都是西南文化出版的中心。唐時刻印的書籍，只限於廣大市民階層常用的通俗書和佛教經典，這為兩宋蜀本打下了良好的技術基礎。北宋開寶四年（九七一），宋朝政府派人到成都雕造大藏經五千餘卷，這是一次規模巨大的出版工作，蜀本由此知名。

北宋開寶八年（九七五），吳越國王錢俶倡刻的陀羅尼經（雷峰塔內藏經），是現存最古的浙本，字體工整，和後來杭州刻的小字佛經相似。近年浙江龍泉塔下發現的北宋初年刻的佛經殘葉，字體寬博，和南宋官版書相似。可見杭州和浙江其

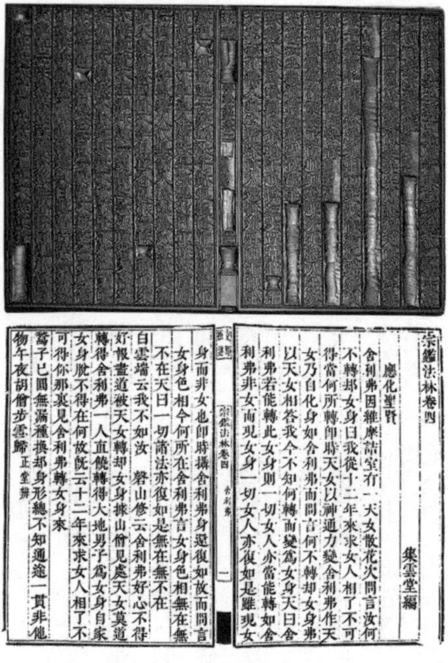

宗鑑法林卷四　集雲堂編

應化聖賢

舍利弗因維摩詰室有一天女散花次問言汝何不轉却女身曰我從十二年來求女人相了不可得當何所轉即時天女以神通力變舍利弗作天女乃自化身如舍利弗而問言何不轉却女身弗以天女相答我今不知何轉而變爲女身天曰舍利弗若能轉此女身則一切女人亦當能轉如舍利弗非女而現女身一切女人亦復如是雖現女

宗鑑法林卷四　舍利弗　一

身而非女也即時攝舍利弗身還復如故而問言女身色相今何所在舍利弗言女身色相無在無不在天曰一切諸法亦復如是無在無不在

白雲端云我不如汝　磬山修云舍利弗好心不得好報盡道被天女轉却女身據山僧見處天女莫道轉得舍利弗一人直饒轉得大地男子爲女身自家女身脫不得在何故既云十二年來求女人相了不可得你那裏見舍利弗轉女身來

爲子已圓無漏種換却身形總不知通途一貫非他物午夜胡僧步雲歸　正堂辨

宗鑑法林

他地區從五代末年起，已有大批刻版技術熟練的工人。這就無怪北宋監本多數都是浙本了。宋時除浙本外，建本（福建建陽刻本）也頗有名。宋、金、元三朝中，浙江杭州、福建建陽、四川成都眉山、山西平陽（今山西臨汾）是四個文化區，刻印了大量書籍，行銷四方。元代道藏就是在平陽刻成的。其他地區也有一些書坊或私人刊刻了不少大字的小字的佛經和其他書籍，多有精工之品。

明清兩朝的首都北京，也是全國性的刻藏中心。北藏、道藏、龍藏以及其他私家刻書，紙墨之精、雕刻之工、裝璜之美，都是前所罕見的。所用的紙張，如棉紙、竹紙、開化紙、毛太紙等新品種也不斷增加。

遠在刻版印刷術大興以前，中國木刻畫就已經出現了。七世紀中葉，唐代玄奘法師以回鋒紙印普賢菩薩像，佈施四方。唐末王玠刻的《金剛經》扉畫和敦煌發現的許多宗教畫，藝術已漸趨純熟。宋元刻本書的扉頁畫從宗教書籍發展到一般書籍。明代各地書肆刻印了大量佛經，幾乎沒有不附插圖的。

元至元六年（一三四零），湖北江陵資福寺刻的無聞和尚《金剛經註解》，卷首靈芝圖和經註都用朱墨兩色套印，這是現存最早的木刻套色印本。十六世紀末吳興、杭州、南京等地書肆也用朱墨和多色套印各種書籍，絢麗奪目。

刻版印刷是中國特殊的文化藝術之一。各地寺院中保存着不少古代刊刻的具有文物價值的佛經和圖書。這是中國文化遺產的一部份，理應妥善保存。對於圖書和佛經，首先應當查明是甚麼年代、甚麼地方、甚麼人出資刊刻的，其次是確認裝璜的形式，是卷子式、梵筴式、書冊式？從這兩方面審查其文物價值。具有文物價值應當保存的，便要確定每版的高度、寬度、每行字數，查明函數、冊數、卷數、頁數，註明完整或缺殘情形。即使缺殘不全，並不減損其文物價值。這是應當注意的。

三、大藏經

大藏經是匯集佛教一切經典成為一部全書的總稱。古時也叫作「一切經」，又略稱「藏經」。其內容主要是由經、律、論三部份組成，又稱為「三藏經」，分別稱為經藏、律藏和論藏。經是佛為指導弟子修行所說的理論；律是佛為他的信徒制定的日常生活所應遵守的規則；論是佛弟子們為闡明經的理論的著述；藏有容納收藏的意義。

佛教三藏的分類，起源很早。相傳佛滅不久，他的弟子們為了永久保存佛所說的教法，開始進行了遺教的結集，即通過會議的方式，把佛說的話加以統一固定下來。佛教的經藏是經過幾次結集（編纂）會議才形成的。

經櫃

在佛教傳世二千五百年間，經典的流傳大體上經過了背誦、書寫、印刷三個時代。印度民族是慣於記憶的。他們最初結集三藏時，只是通過問答的形式，把佛所說的教法編成簡短的語句，以便佛弟子們能夠共同背誦而已。其後才有書寫流傳的做法。

我國現存漢譯大藏經，是自後漢（公元第一世紀）以來，直接和間接從印度和西域各國輸入的寫在貝葉（貝多羅樹葉）上的各種佛經原典翻譯過來的。自漢至隋唐，都靠寫本流傳。到了晚唐（九世紀時）才有佛經的刻本。現存唐咸通九年（八六八）王玠所刻的《金剛經》便是世界上一本最古的，並附有美麗版畫的印刷佛經。

由於佛經的翻譯越來越多，晉宋以後就產生了許多經錄，記載歷代佛經譯本的卷數、譯者、重譯和異譯等。在現存許多經錄之中，以唐代智升的《開元釋教錄》最為精詳。該書著錄當時已經流傳的佛經五千零四十八卷，並用梁周嗣興撰的《千字文》編號，每字一函（又稱一帙），每函約收佛經十卷。《千字文》自「天」字至「英」字，共四百八十字，每字一函，合四百八十函。歷代刻藏，相沿不改，使漢文大藏經的規模基本定型。

大藏經的內容是非常豐富的。它是佛教及有關文化的一部大叢書。在大藏經裏面，保存着現在印度久已失傳的許多佛教經典，也包括了中國學者對於佛教原理所作的創造性的闡釋。大藏經不僅是佛教徒研究佛學的重要典籍，也是一般學者研究古代東方文化非常重要的資料。

此外，在西藏地區，自唐宋以來，由梵文和漢文譯成藏文的經典，也經過整理匯編成為西藏文大藏經。其中佛說的經律稱為「甘珠爾」；佛弟子及祖師的著作稱為「丹珠爾」。自元以至近代分別在西藏的拉薩、日喀則、奈塘，甘肅的卓尼，四川的德格，北京，都有過多次刻本。西藏文大藏經的內容約十分之八是漢文藏經中所沒有的，特別是密教部份。清代還將西藏文佛典譯為蒙文、滿文，刻成蒙文大藏經和滿文大藏經。這種藏經流傳稀少，甚為名貴。

在雲南傣族地區流傳着的上座部佛教，其佛經是用巴利文寫的小乘三藏。一般還是用書寫的方式流傳，國內還沒有刻印過巴利文大藏經。

四、寺塔

中國最古的寺院是洛陽的白馬寺，是佛教最初傳入漢地時，漢明帝為攝摩騰等所創建，但是現在這座寺院的建築已經過後代多次重建。關於中國佛教建築的最早記載，是《後漢書．陶謙傳》所說：笮融「大起浮圖祠，上累金盤，下為重樓，又堂閣周回，可容三千許人」。所謂「上累金盤」，就是用金屬作的剎（剎是梵語「剎多羅」之略，義是土田，印度塔上立竿柱，也叫作「剎」）；所謂「重樓」，就是多層木結構的高樓，這正是後來中國塔的基本式樣。最早的佛寺建築，是以塔為中軸線上的主體，而僧房散在其四周。後來的寺院，中軸線以殿堂為主體而塔建在附近了。

中國現存的最古佛寺建築是五台山的南禪寺（建於七八三年）和佛光寺（建於八六七年）。佛光寺大殿是一座七開間的佛殿。殿中有三十幾尊唐代佛像，樑柱間有唐代題字，壁上有唐代壁畫。可以說，唐代四種藝術集中保存在這裏。

其次，河北薊縣獨樂寺有一座結構精美的山門和一座高大的觀音閣（均建於九八四年）。閣中奉有十一面觀音像，高十六公尺[1]。還有河北正定隆興寺（建於九七一年）和山西大同善化寺。隆興寺的主要建築有大悲閣、左右側樓、轉輪藏殿、戒壇、牟尼殿、大覺六師殿及鐘鼓樓。其中大覺六師殿和鐘鼓樓已經倒塌。大悲閣中供奉着高大的千手觀音像。轉輪藏是現存唯一的十世紀造的可以轉動的大藏經架。牟尼殿中有優美的宋代壁畫。善化寺是十一世紀中到十二世紀中葉建成的。

碧雲寺菩薩殿

現在還保存着四座主要建築和五座次要建築。大同下華嚴寺的薄伽教藏，原來是規模宏大的華嚴寺的藏經殿。殿中四壁保存着遼代製作精巧的藏經櫥，櫥的上部有「天宮樓閣」。

山西趙城縣的霍山廣勝寺，是元代建築（建於十四世紀），有上寺和下寺兩部份。上寺有一座琉璃塔，是十五世紀建成的。

北京西山碧雲寺是明代建築。寺中殿堂、廊廡的佈局，是結合地形，並把泉石樹木組織在內。大殿和菩薩殿保存着明代的精美塑像（現已不存）。寺中有田字形羅漢堂和漢白玉砌成的金剛寶座塔，是清代修建的。寺內有明淨的清池，涓涓的流泉，密茂的松柏。這種佈局與浙江杭州的靈隱寺、江西廬山諸大寺院大致相同。

中國南方的寺院，多半依山佈局，在建置上、風格上與北方寺院不同。院落雖比較局促，而寺外有茂林、有峰巒，氣象仍顯開闊。如峨眉山麓的報國寺、半山的萬年寺、山頂的接引殿都如此。

在十四五世紀間，中國佛寺建築上出現一種拱券式的磚結構殿堂，通稱為「無樑殿」。如山西五台山顯通寺、南京靈谷寺、寶華山隆昌寺中都有此種殿堂建築。

清代修建的喇嘛寺，以北京雍和宮和承德的「外八廟」為最。雍和宮（建成於一七三五年）中法輪殿的殿脊形成金剛寶座塔的「五塔」形狀。萬福閣與左右兩閣以飛橋相連，閣中供奉十八公尺高的彌勒佛立像。承德的外八廟是一七一三—一八七零年間陸續建成的。其建築風格有摹仿新疆維吾爾族形式的，有藏式的，也有漢族形式而帶有西藏風趣的，兼收並蓄，多采多姿。

以上只敍述現存歷代佛寺中具有代表性的建築。各地還保存着不少宋、明建築的佛寺，不能一一列舉。在過去，僧眾對於寺院的古建築不很重視，不知愛護，不少古建築在維修時被拆改，致使寶貴的文化遺產遭到破壞，這是深為可惜的。

塔與寺幾乎是同時存在的。中國塔的建築形式豐富多彩。歷史記載中的最大木塔是元魏時建造的洛陽永寧寺塔，高一千尺。百里以外便能望見。可惜這座塔建成不久便被焚毀了。現存最古的塔是五二零年建的河南嵩山嵩岳寺十二角十五層密檐式磚塔。塔身有用蓮瓣作柱頭和柱基的八角柱，有用獅子作主題的佛龕，有火焰形的券間，形式優美。自此以後，磚塔逐漸增加，木塔逐漸減少。到十世紀以後，新建的木塔已極為稀有了。

唐代以後的磚塔大概有兩種類型：一種形同木塔，層層相累，這可以叫作「多層塔」。另一種是在一個高大的塔身上加多層密檐，這可以叫作「密檐塔」。此外還有單層的僧人墓塔。唐代的塔一般都是四方形的。多層塔是在塔的表面上表現出木結構的柱樑斗拱等。如西安慈恩寺大雁塔（六五二）、薦福寺的小雁塔、香積寺塔（六八一）、興教寺的玄奘塔（六六九）等都屬此類。密檐塔一般不用柱樑斗拱等裝飾，而輪廓線條呈現優美，如嵩山永泰寺塔和法王寺塔（八世紀建）、雲南昆明慧光寺塔和大理崇聖寺塔都是此類。墓塔中以山東長清靈岩寺的惠崇塔（七世紀前半期建）為最典型。此類塔一般是兩層重檐，頂上有磚或石製的剎。只有唐代嵩山會善寺的淨藏塔（七四六年建）是單層八角形的，塔身用磚砌出柱樑斗拱門窗等。

到了十世紀以後，八角形的佛塔成為標準形式。建造方法也改變了過去外部用

保俶塔

磚砌成筒形，內部用木樓梯、木樓板的方法，而是改用各種角度和相互交錯的筒形券，把樓梯、樓板、龕室等砌成一個整體。山東長清靈岩寺的辟支塔，河北正定開元寺的料敵塔（一零五五年建）都是此種類型。河南開封六角形的繁塔（九七七年建），開始採用琉璃造的佛像和花紋處理塔面。其後開封祐國寺塔（一零四一——一零四八年建），俗稱「鐵塔」，即採用二十八種琉璃面磚砌出牆面、門窗、柱樑、斗拱等，塔有十三層。河南濟源延慶寺塔也是同一類型。宋代在長江流域也出現很多八角形塔。杭州靈隱寺大殿前有石雕雙塔（九六零年造），高僅十公尺，而有九層，雕刻成仿木結構的形式。蘇州報恩寺塔、杭州六和塔和保俶塔，都是用磚砌成的仿木結構形式的塔。檐椽部份雜用木料。至清代，這些塔的木檐椽多已朽敗，修理時採用了不同的處理方法。重修後的報恩塔接近於原形；六和塔在塔身外加上一層木結構，極不相稱；保俶塔只保存了塔身，形成了柱形塔。

中國現存的唯一木塔是山西應縣佛宮寺的釋迦塔（一零五六年建），全高六十六公尺，共有五層。河北涿縣雙塔（一零九零年建）是仿應縣木塔建的磚塔。

遼代在河北中部以至遼寧等地出現了八角形的密檐塔，傑出的典型是北京天寧寺塔。這一類型曾被普遍應用。特殊的是福建泉州的雙石塔（十三世紀三四十年代建），全部用石料仿木結構建成。四川宜賓的白塔（一一零二—一一零九年建）和洛陽白馬寺塔（十二世紀後半期建），都保存唐代四方形密檐塔的風格。自此以後，密檐塔的風格變化繁多，難以盡述了。

妙應寺白塔

元代由於西藏地區的佛教傳入內地，在漢地出現了西藏式的瓶形塔。北京妙應寺的白塔（一二七一年建），是尼泊爾的工藝師阿尼哥所設計的，山西五台山塔院寺塔（一五七七年建）和北京北海公園的白塔（一六五一年建），都繼承了這一類型。

中國現存的佛塔，大部份建於明清時代，在造型上，斗拱塔檐很纖細，環繞塔身如同環帶。輪廓線也與以前不同。太原永祚寺的雙塔，北京玉泉山塔（十八世紀建），便是這時期的多層塔的典型；北京八里莊慈壽寺塔（一五七六年建），是密檐塔的典型。唯有山西趙城縣廣勝寺的飛虹塔是用琉璃面磚裝飾的，八角十三層，高四十公尺以上。北京玉泉山還有一座清代的小型琉璃塔。

明代出現了一種特殊的塔型。就是仿印度菩提伽耶金剛寶座塔（佛成道的地方）而設計的金剛寶座塔。即在一長方形的高台上建立五座正

玉泉山塔

方形的密檐塔。雲南昆明妙湛寺塔、北京五塔寺塔（一四七三年建）都是這一類。北京香山碧雲寺有清代建立的金剛寶座塔，塔台上於五座密檐塔外加了兩座瓶式塔。北京北郊黃寺，也有金剛寶座塔，那是第三世班禪的墓塔。正中是瓶式塔，四角有四座較小的八角密檐塔。中央塔身雕刻精美。

在我國各地除了佛塔之外，還有一種「文風塔」，或叫作「文峰塔」。那是過去科舉時代人們為了祈求本地方的文人能中試及第而建造的。這種塔一般都是仿照佛塔的形式。

中華人民共和國成立後，於一九五八年在北京西山建造了一座佛牙舍利塔，供奉釋迦如來靈牙舍利，一九六四年落成。塔有十三層，高五十八公尺，採用傳統的密檐形式，而在結構、剎頂方面，都有創新的地方。形式優美，頗為山林增色。

北京五塔寺塔

五、石窟

佛教建築有許多種類，石窟是其中最古的形式之一，在印度稱為「石窟寺」。石窟本是佛教僧侶的住處，佛在世時就已經存在了。一般石窟寺是開鑿岩窟成一長方形，在入口的地方有門窗。石窟中間是僧侶集會的地方，兩邊是住房。後來發展成為兩種形式：一種叫作「禮拜窟」，一種叫作「禪窟」。禮拜窟雕造佛像，供人瞻仰禮拜；禪窟主要是供比丘修禪居住的。禮拜窟有前後兩室的，也有單獨一室的。其入口處有門，上面開窗採光。其平面有馬蹄形的，有方形的。內部裝飾有在石壁上雕鑿佛像，也有在中心石柱雕造佛龕、佛塔，也有在石窟四周作壁畫的。印度現存的佛教石窟以公元前一、二世紀至五世紀時所造的阿旃陀石窟群為最著名，其建築、雕刻和壁畫都有很高的藝術價值。玄奘法師在《大唐西域記》（卷十一）中曾概括地把阿旃陀石窟的位置、建築、雕刻、民間傳說等生動地記述下來。這些記述現在已成為記載印度阿旃陀石窟最寶貴的古代文獻。

從四世紀到八世紀之間，印度佛教的建築藝術向東傳播。我國西北，如新疆的庫車，甘肅的敦煌，山西的雲岡，河南的龍門，河北的南、北響堂山等地現存的古

甘肅敦煌莫高窟

代石窟，就是首先吸取了印度石窟造型藝術而建造的。敦煌石窟是我國現存比較完整的石窟群之一，它自北魏歷隋唐五代宋元至清一千多年，共計開鑿一千多窟。北魏洞窟形式都是摹仿印度石窟的制度，前面入窟地方有一個「人」字形披間，是便於禮佛跪拜的前庭，窟的後半部有一個龕柱（中心柱），是為禮拜時遵照印度習慣迴旋巡禮用的。隋唐洞窟大約有兩種：一是沿用北魏的龕柱形式；一是中央平廣而三面有龕壁的形式。後來建造增多，為省工起見，把龕柱改成須彌座和屏風，別創一種洞窟的形式。

各時代石窟雕刻作品的鑒別，主要是從其面相、花紋、服裝等加以觀察。如六朝面相多是豐圓，後期較為瘦長，唐代則是頰豐頤滿。衣紋最初用漢代傳統的陰線刻法，後來兼採用西域的凸起線條，更發展成為直平階梯式的衣紋。服飾一般是採用印度的裝束，由單純而逐漸演變為複雜。各個時代作品的這些特徵，充份顯示了我國勞動人民的創造天才。

在我國廣大土地上，從新疆的庫車、高昌，甘肅的敦煌、永靖，大同的雲岡，義縣的萬佛堂，洛陽的龍門，太原的天龍山，邯鄲的南、北響堂山，濟南的千佛崖，南京的棲霞山，杭州的飛來峰，四川的廣元、大足到雲南的劍川，有一連串的石窟寺，分佈在各個名勝地區，把我們的錦繡河山點綴得更為雄偉和富麗。這些石窟的雕塑、壁畫等，是我國古代藝術家把傳統的藝術和外來的影響密切會合起來而創造的珍品，具有獨特的藝術風格。所有雕塑和繪畫雖都以佛教故事作題材，但其中也有反映各個時

洛陽龍門石窟

代人間現實生活的情景，是研究中國古代史的寶貴資料。

在舊中國，由於政治腐敗，文化落後，民不聊生，帝國主義者趁機千方百計掠奪我國的文化遺產。因此，許多石窟裏的雕像、壁畫等也成為他們竊取的對象。在許多石窟中，有些佛像的頭部被鑿下，有些壁畫被刮去，成為他們國家博物館中的陳列品。我們今天到那些石窟寺（如山西天龍山，河北的南、北響堂山）去，到處見到斷頭折臂的雕像。這種摧殘我國文化的惡劣行為，實在使我們痛恨不已；同時，更加激發我們盡心保護祖國文化遺產的責任感。

杭州的飛來峰菩薩造像

六、金石文物

中國古代習慣在日用的金屬器皿上刻鑄文字，或是紀事，或是銘功，或是警戒，這叫作「金」。後來銘刻在碑碣上，或是墓誌上，這叫作「石」。金石文字是研究古代歷史和藝術的重要資料。佛教的金石文物，也不例外，不僅關係到佛教史實，也關係到一般社會的史實。因此，佛教徒對於寺院中所保存的金石文物，必須加以重視，妥善保存，不可任其毀壞，以免造成不可彌補的損失。

理公之塔

佛教寺院中所保存的「石」，便是寺碑和僧人墓塔碑。這些碑上都記有史實，是最原始的資料。自唐代以後，建石幢之風盛行。有為功德鐫造的陀羅尼經幢，也有為紀念僧德的墓幢；有用漢文雕刻的，也有用梵文雕刻的。幢蓋和幢座上往往有浮雕的人物，各時代有不同風格，都極精美。佛教寺院中所保存的「金」，便是鐘、磬、爐、鼎之類，從它們的鑄造技巧上，可以考察歷代冶煉技術的進步。如北京大鐘寺的大鐘，明永樂年間造，鐘的內外都鑄有漢、梵經文，重八萬餘斤。法海寺的鐘，明正統年間造，鐘內外鑄有梵文經咒。各地寺院常有宋、元、明時代的銅鐘或鐵鐘。這些都是極有價值的文物。

佛教寺院的文物，大約可分為下列各類：

第一、建築：即古代建造的殿堂和塔。

第二、繪畫：即前代畫家為寺院所作的各種繪畫，寺院的壁畫，以及各種繡畫、織畫、漆畫等。

第三、雕塑：即寺院古代雕塑的尊像，以及各種金、石、玉、竹、木、骨、角、牙、陶、

法器木魚

瓷等雕刻的器皿或藝術品。

第四、銘刻：即一切金、石、玉、竹、木、磚、瓦等之有文字銘記的，碑刻、經幢等也屬於此類。

第五、圖書：這一類文物在寺院中最為豐富，往往被忽略或輕視。所謂圖書，即完整的藏經和殘缺零本的藏經，古版本佛經，其中常有珍貴的孤本或絕本。特別是抄本佛經和書籍，往往是極有歷史價值或研究價值的文獻。此外，寺院的譜錄、志書、檔案、戒牒、法卷、簡牘，以及音樂歌贊的譜錄，也都有歷史價值，應當保存。至於名人的法書、墨跡，珍貴的金石拓本，古刻經的版片，由東南亞國家傳入的貝葉經（應當確定其文字），也都屬於圖書之類。

第六、貨幣：即古代的貨幣或鈔券。

經櫃

第七、輿服：即有歷史價值的衣裳、佩帶、冠履、飾物、絲棉麻織物和刺繡品。但是關於這些衣物的時代必須研究確切，決不可強加附會，致招嫌譏。如國清寺傳說的智者大師的袈裟，並不是隋代之物。應當考定其確切年代，辨別其真偽，才有歷史價值。

第八、器具：凡是法器、樂器、儀器、傢具等，如古代的櫥櫃、几椅等類。

以上所舉的只是簡單介紹，未曾提到的還有很多，要在具體仔細的審查之中，正確分析，從時代和藝術上評定其文物價值，避免錯誤和浮誇，做好保護文物的工作。否則很可能把沒有文物價值的東西保留下來，而有文物價值的東西反被破壞了。佛教徒應當從愛國主義的精神出發，保護寺院中從古代遺留下來的文化遺產。

七、佛曲

佛曲是佛教徒在舉行宗教儀式時所歌詠的曲調。中國漢地佛曲的發展，是由梵唄開始的。梵是印度語「梵覽摩」之省略，義為清淨。唄是印度語「唄匿」之省略，義是讚頌或歌詠。印度婆羅門自稱為梵天的苗裔，因此習慣指印度為梵，如古印度文為梵文。梵唄就是摹仿印度的曲調創為新聲，用漢語來歌唱。首先創始的是曹魏陳思王曹植在東阿縣（在今山東省）的魚山刪治《瑞應本起經》，製成魚山唄。《高僧傳》（卷一五）中說這種唄「傳聲三千有餘，在契則四十有二」。一契便是一個曲調，四十二契便是四十二個曲調聯奏。同時，吳國支謙據《無量壽經》《中本起經》製成菩薩連句梵唄三契；康僧會傳泥洹唄。東晉建業（今南京）建初寺支曇籥製六言梵唄。他的弟子法等於東安嚴公講經時，作三契經竟。嚴公說：「如此讀經，亦不減發講。」便散席。第二日才另開題。可見當時雖有曲調，所歌唱的詞句卻就是經文。三契經便是歌唱三段經文。宋時有僧饒善《三本起》及《須大拏》。每清響一舉，道俗傾心。齊時有僧辯傳《古維摩》一契、《瑞應》七言偈一契，最是命家之作。辯的弟子慧忍製《瑞應》四十二契。《樂府詩集》卷七十八雜曲歌辭有齊王融《法壽樂歌》十二首：（1）歌本處，（2）歌靈瑞，（3）歌下生，（4）歌田遊，（5）歌在宮，（6）歌出家，（7）歌得道，（8）歌寶樹，（9）歌賢眾，（10）歌學徒，（11）歌供具，（12）歌福應。每首均五言八句，顯然是歌頌釋迦如來一生事跡。現在雖不知其曲調，無疑是用梵唄來歌唱的。到了隋代由於西域交通的開展，西域方面的佛教音樂也隨着傳入中土。《隋書·音樂志》（卷十五）中記西涼音樂說：「呂光、沮渠蒙遜等據有涼州，變龜茲聲為之，號為秦漢伎。魏太武既平河西，得之，謂之西涼樂；至魏周之際，遂謂之國伎。」又說：「胡戎歌非漢魏遺曲，故其樂器聲調悉與書史不同。」所載歌曲中有「于闐佛曲」。《唐會要》卷三十也說：「呂光破龜茲得其聲。」又說：天寶十三載七月十日大樂署改諸樂名，龜茲佛曲改為「金華洞真」；急龜茲佛曲改為「急金華洞真」。

陳暘《樂書》卷一百五十九敍「胡曲調」，記錄唐代樂府曲調有「普光佛曲」「彌勒佛曲」「日光明佛曲」「大威德佛曲」「如來藏佛曲」「藥師琉璃光佛曲」「無威感德佛曲」「龜茲佛曲」「釋迦牟尼佛曲」「寶花步佛曲」「觀法會佛曲」「帝釋幢佛曲」「妙花佛曲」「天光意佛曲」「阿彌陀佛曲」「燒香佛曲」「十地佛曲」「摩尼佛曲」「蘇密七俱陀佛曲」「日光騰佛曲」「邪勒佛曲」「觀音佛曲」「永寧佛曲」「文德佛曲」「娑羅樹佛曲」「遷星佛曲」，凡二十六曲。這些佛曲在當時寺院中舉行宗教儀式時如何實際應用，現在已無資料可考。現存的唐代佛教歌贊資料有善導《轉經行道願往生淨土法事贊》《依觀經等明般舟三昧行道往生贊》和法照撰的《淨土五會念佛誦經觀行儀》《淨土五會念佛略法事儀贊》。這些贊文都是五言或七言句，間用三、四、三言句。每首贊後有和聲，和聲的詞一般是三字。

法照所用和聲有五字的。首唱者為「贊頭」，和聲者為「贊眾」。所用曲調，疑仍是梵唄的聲調。唐代變文也多是七言句和五言句，間有三、三、四言句的，有的註有「平」「側」字樣。「平」是平聲調；「側」是仄聲調，但其曲韻當與善導、法照所撰贊文相同，也是梵唄的音韻。敦煌經卷所載唐代佛曲有《悉曇頌》《五更轉》《十二時》等調，內容多半是讚嘆大乘教理、讚嘆禪宗修行、讚嘆南宗頓門等。但是，這些曲調的實際應用情形也還難以考定。

宋代流傳下來的，如宗鏡禪師撰《銷釋真空科儀》，普明禪師撰《香山寶卷》也都是七言句的歌辭，其中尚未有曲調。元中山人劉居士所撰《印山偈》《觀音偈》《菩提偈》，其中有「側吟」「平吟」「自來吟」，都是七言四句或八句偈，中間加有「臨江仙」曲調。自從元代南北曲盛行以後，佛教的歌贊全採用了南北曲調。明成祖於永樂十五年至十八年（一四一七——一四二零）編《諸佛世尊如來菩薩尊者名稱歌曲》五十卷，就是採用南北曲的各種曲調填寫的。其中前半部是散曲，後半部是套曲。散曲中有「普天樂」「錦上花」「鳳鸞吟」「堯民歌」「慶原真」「醉太平」「喜江南」「青玉樂」「梅花酒」「喜人心」「早香詞」「叨叨令」「聖藥王」「寄生草」「梧葉兒」「畫錦堂」「梧桐」「滴滴金」「王嬌枝」「絳都春」「畫眉序」

「駐馬聽」「步步嬌」「園林好」「沉醉東風」「彩鳳吟」「聲聲喜」「桃紅菊」「錦衣香」等三十曲。但是這些歌曲並未通行。

現在一般佛教音樂中所用的南北曲調，近二百曲。通常用的是六句贊，它的曲調是「華嚴會」。此外香贊還有多種，如「掛金鎖」（戒定真香）、「花裏串豆」（心然五分）、「豆葉黃」（戒定慧解脱香）、「一綻金」（香供養）等。十供養贊有三種調：一「望江南」（香供養）、二「柳含煙」（虔誠獻香花）、三「金學經」（戒香定香與慧香）。三寶贊和十地贊的曲調是「柳含煙」，西方贊的曲調是「金磚落井」，開經偈的曲調是「破荷葉」。此外，「寄生草」「浪淘沙」二調也是最常用的。

此外，在個別地區的佛寺中，如四川峨眉、山西五台、陝西西安、河北蔚縣、福建福州等地，保存着自元明流傳下來的曲調。這些佛曲都是採用唐宋的燕樂風格或元代曲調而編成的，其中包括詞譜、曲譜、南曲、北曲、佛曲、俗曲，並且有不少民間失傳的曲譜。因此，佛教界應當珍視這些佛教樂曲，不但要把這些曲譜保存下來，而且更應傳習和整理，使之流傳下去，以豐富我國的音樂。

八、變文　寶卷

唐代寺院中盛行一種「俗講」。日本圓仁《入唐求法巡禮行記》中說：當時長安有名的俗講法師，左街有海岸、禮虛、齊高、光影四人，右街有文漵及其他二人，其中文漵最有名。趙璘《因話錄》說：「聽者填咽寺舍，瞻禮崇拜，呼為和尚。教坊仿其聲調，以為歌曲。」段文節《樂府雜錄》說：「其聲宛暢，感動里人。」《盧氏雜說》（《太平廣記》卷二零四引）說：「唐文宗採文漵講聲為曲子，號『文漵子』。」可見俗講是用說唱體的俗講話本，叫作「變文」；其自己編寫的說唱文字以演繹經中義理的，叫作「講經文」。至於將經中故事繪成圖畫的，叫作「變相」。講唱變文或講經文，也叫作「轉」。「轉變」時也可展開「變相」，使聽者易於了解，更受感動。敦煌寫經中的《降魔變文》，敘舍利弗降六師的故事，其卷子背後即畫有舍利弗與勞度差鬥聖的變相（此卷現藏法國巴黎博物館），每段圖畫都和變文相應。其後逐漸發展，俗講中也採納一些民間傳說和歷史故事，如《舜子變》《伍子胥變》《王昭君變》等。更後則此等俗講不限於俗講法師，而民間藝人也可以唱變文了。《全唐詩》載唐末吉師老《看蜀女轉昭君變》詩說：「檀口解知千載事，清詞堪嘆九秋文。翠眉顰處楚邊月，畫卷開時塞外雲。」這就說明當時已有婦女用變相、變文合起來清唱王昭君故事的事實了。

變文的唱詞，一般是七言為主而間雜以三言，也有少數間雜五言或六言的。說詞是散文白話，也有用當時流行的駢體文來描狀人情、形容物態的。如《降魔變》《維摩經變》等，文采極為圓熟純練、流利生動。往往從數十字經文而渲染誇張成為千數百字，其體制的宏偉，描述的活潑，詞藻的絢麗，想像的豐富，誠可為俗文學中的傑作。其中不少的作品包含有濃厚的生活氣息，如《目蓮變文》顯出偉大的母子之愛，而描寫地獄的恐怖，正是以封建社會中階級壓迫的現實生活為基礎的。這些作品在當時起到了鼓舞人民同黑暗現實作鬥爭的勇氣和信心。

講唱變文或講經文，既是說唱體制，唱時似乎有音樂伴唱。變文

《敦煌變文集》

唱詞中往往註有「平」「側」「斷」等字，可能是指唱時用平調、側調或斷調而言。變文也有只是散文體，有說無唱的，這大概不須音樂為伴了。

自宋真宗時（九九八——一零二零）明令禁止僧人講唱變文，其後這些變文的作品便逐漸失傳了。直到一九零零年在敦煌石室發現唐人寫經，變文才發現出來。現在《敦煌變文集》匯集敦煌經卷中所存的變文七十八篇，是研究變文的豐富資料。

在宋代講唱變文既被禁止，同時禪宗又特別興盛，由於群眾對於這一文字的愛好，於是僧人講唱便以另一形態出現於瓦子的講說場中。這時有所謂「談經」的，有所謂「說諢」的，有所謂「說參請」的。吳自牧《夢粱錄》卷二十說：「談經者謂演說佛書，說參請者謂賓主參禪悟道事，又有說諢經者。」周密《武林舊事．諸色伎藝人》條記：「談經、諢經，長嘯和尚以下十七人。」所謂「談經」等，當然是講唱變文的發展。可惜宋代這些作品今已失傳，難以詳考了。

再後便由談經、諢經發展成為「寶卷」。也可以說「寶卷」是變文的嫡派子孫。現在通行的寶卷中以《香山寶卷》為最古，是宋徽宗崇寧二年（一一零三）普明禪師作。但是宋時談經是否即以寶卷為話本，還難以確定。此外有《銷釋真空寶卷》是講說《金剛經》的；《目蓮救母出地獄升天寶卷》，顯然是《目蓮變文》的發展。

這兩種現存有元明人抄本，可見作品是很早的，然而寶卷文學卻遠不如唐時變文文學的恢弘絢爛。特別是明末會道門利用寶卷作為宣傳工具，於是寶卷的內容就更加低落。降至清代，一般寶卷都是宣傳封建迷信，內容既極為庸俗，文字也無足觀了。

註釋

1 米的舊稱。——編者註

漫談佛畫

一般對於一幅繪畫的研究，首先要了解其題材的內容，然後方能辨別其畫法的技巧，考定其年代和繪畫的因由。如若題材不明，則對於畫法的辨別、年代的考定便不能深刻細緻。對於佛畫研究也是如此。為了明瞭佛畫的題材，就必須從佛教經典或佛教傳記中考證其淵源。因此，佛畫的解題是研究佛教美術的首要工作。

一、佛畫的起源

只就現有的遺物很難對佛教畫的起源得到正確的考證，因為最古的遺物現在已不存在了。但是可以肯定佛教繪畫是早於佛教雕刻的。根據佛經和佛教傳記中的記載，當佛在世時，在佛教寺院中已經有了佛教繪畫。

《根本說一切有部毗奈耶雜事》卷第十七云：「給孤長者施園之後，作如是念：

『若不彩畫，便不端嚴。佛若許者，我欲莊飾。』即往白佛。佛言：『隨意當畫。』聞佛聽已，集諸彩色，並喚畫工。報言：『此是彩色，可畫寺中。』答曰：『從何處作，欲畫何物？』報言：『我亦未知，當往問佛。』佛言：『長者！於門兩頰應作執杖藥叉；次傍一面作大神通變；又於一面畫作五趣生死之輪；檐下畫作本生事；佛殿門傍畫持鬘藥叉；於講堂處畫老宿苾芻，宣揚法要；於食堂處畫持餅藥叉；於庫門傍畫執寶藥叉；安水堂處畫龍持水瓶着妙瓔珞；浴室火堂依《天使經》法式畫之，並畫少多地獄變；於瞻病堂畫如來像躬

山西朔州崇福寺說法圖

自看病；大小行處畫作死屍，形容可畏；若於房內應畫白骨髑髏。』是時長者從佛聞已，禮足而去，依教畫飾。」

同上書卷三十八中敍佛涅槃後，迦葉尊者為恐阿闍世王聞佛入涅槃，必定憂惱，嘔血而死，因命行雨大臣「於妙堂殿如法圖畫佛本因緣：菩薩昔在兜率天宮，將欲下生，觀其五事；欲界天子三淨母身；作象子形托生母腹；既誕之後逾城出家；苦行六年，坐金剛座；菩提樹下成等正覺；次至婆羅痆斯國為五比丘，三轉十二行四諦法輪；次於室羅伐城為人天眾現大神通；次往三十三天為母摩耶廣宣法要，寶階三道下贍部洲；於僧羯奢城人天渴仰；於諸方國在處化生，利益既周，將趣圓寂，遂至拘尸那城娑羅雙樹，北首而臥入大涅槃。如來一代所有化跡既圖畫已。」在《付法藏因緣傳》卷一中也有同樣的記載，而且所敍更詳。其文說：「圖畫如來本行之像。所謂菩薩從兜率天化乘白象，降神母胎；父名白淨，母曰摩耶，處胎滿足十月而生。生未至地，帝釋奉接，難陀龍王及跋難陀吐水而浴，摩尼跋陀大鬼王執持寶蓋隨後侍立。地神化花以承其足，四方各行滿足七步。至於天廟，令諸天像悉起奉迎。阿私陀仙抱持占相，既占相已生大悲苦，自傷當終，不睹佛興。詣師學書、技藝、圖讖，處在深宮，六萬彩女娛樂受樂。出城遊觀，至迦毗羅園，道見老人及沙

山西稷山青龍寺説法圖

門。還詣宮中，見諸彩女形體狀貌猶如枯骨，所有宮殿，塚墓無異。厭惡出家，半夜逾城，至郁陀伽阿羅羅等大仙人所，聞説識處及非有想非無想定。既聞是已，深諦觀察，知非常苦不淨無我。舍至樹下六年苦行。便知是苦不能得道，爾時復到阿利跋提河中洗浴。爾時有二牧牛女人，欲祀神故，以千頭牛犂取其乳，飲五百頭；如是展轉乃至一牛，即取其乳煮作糜，湧高九尺，不棄一滴。有婆羅門問言：『姊妹，汝煮此糜欲上何人？』女即答曰：『持祀樹神。』婆羅門言：『何有神祇能受斯食！唯有食者成一切智，乃能受汝若斯之供。』於是女人便奉菩薩。即為納受而用食之。然後方詣菩提樹下，破魔波旬，成最正覺。於波羅奈為五比丘初轉法輪。乃至詣於拘尸那城力士生地入般涅槃。如是等像皆悉圖畫。」

從以上所引證的律藏和佛傳所說的事實，雖很明顯是經纂述者加以渲染，但必定是有所依據的素材。由此可以肯定當佛在世時寺院中已有壁畫，而且在佛涅槃後，這些壁畫曾起了一定的作用。文中對繪畫內容的詳盡敍述很可能有纂述者的鋪張，但仍不失為關於佛畫緣起的重要參考資料。

二、佛畫的目的

佛畫的目的大約可分為三：第一是備佛教徒供養敬奉之用；第二是備寺院殿堂莊嚴之用；第三是供人欣賞的畫家寫意之作。由於佛畫的目的不同，佛畫的內容也各不同。

佛教徒供養用的佛畫：（1）尊像畫，就是一尊或多尊的佛菩薩像，莊嚴妙好，或坐或立。（2）經變畫，根據佛經所敍的佛國莊嚴，繪畫成圖，如極樂淨土變、藥師佛淨土變、靈山淨土變等。（3）曼陀羅畫，是密宗修法所供養的圖畫，根據一定的經軌，以畫一佛或一菩薩為中心，周圍層層環繞着菩薩、天神等。

殿堂莊嚴用的佛畫，可以是佛、菩薩、天龍鬼神的形象畫；也可以是佛傳圖，即根據佛傳所記釋迦如來一生教化的故事；也可以是本生圖畫，根據佛經中所說釋迦如來過去生中所修的種種菩薩行的故事，如捨身餵虎、捨身貿鴿等故事；也可以是經變圖，即根據佛經中所敍的故事，繪成形象，如維摩經變、地獄變等。

畫家寫意以供人欣賞的佛畫，便是畫在手卷、冊頁、屏風等處各種題材的佛畫，不拘於佛教的形式，不拘於佛教的法則，可以由畫家任意呈現其技巧，以供人欣賞。

三、佛畫的種類

佛教畫的種類，總的來說，可以分為圖和像兩大類。所謂像，是指一幅畫中單獨畫一像，或一幅畫中雖畫有多像，其內容都只是側重在表現每一像的儀容形貌，別無其他的意義。所謂圖，是指一幅畫中以一尊像為主體，或多尊像共同構成主體，其中有主有伴，共同體現一項故事。例如：「十八羅漢像」是在一幅畫中或多幅畫中畫十八羅漢，但只是繪出每位羅漢的儀容形貌，或降龍，或伏虎，各各羅漢不相聯繫。至於「十八羅漢過海圖」便是在一幅畫中繪出十八羅漢共同渡越滄海的不同動作。

佛像畫就其內容來分，可以有七類：(1)佛類，(2)菩薩類，(3)明王類，(4)羅漢類（包括緣覺類），(5)天龍八部類，(6)高僧類，(7)曼陀羅類。佛圖就其內容來分，也可以有六類：(1)佛傳類，(2)本生類，(3)經變類，(4)故事類，(5)山寺類，(6)雜類。此外還有「水陸畫」一種，是由像和圖混合組成的佛畫集。

現在就各類佛畫簡略說明如下：

1、佛像

佛是梵語「佛陀」的略稱，義為「覺者」，是佛教對徹底覺悟真理者的尊稱。人人都可以達致對真理的徹底覺悟，因此人人可以成佛。成佛之後所作的事業就是教化眾生。佛教認為在一世界之中同時只能有一佛教化，所以一世界又稱為一佛土。佛教又認為時間是無始終的，空間是無邊際的。因此就空間來說，世界既是無邊，十方佛也就是無數的；就時間來說，世界可以反覆的由成而壞，一佛的教化也有其始起終盡的時期。一佛的教化終盡以後，又有他佛繼而教化，於是三世（過去、現在、未來）的佛也是無數的。在這十方三世無數佛之中，宗教家、繪畫家便選擇佛經中所常稱道的佛而繪畫出來，以供瞻觀禮拜之用，這便是佛像畫的由來。經常繪畫的有現在世的釋迦牟尼佛，也就是此世界中現在世的教主；未來世的彌勒佛；過去世的燃燈佛（一名定光佛）；此世界現階段的賢劫千佛，其中包括釋迦佛（第四佛）和彌勒佛（第五佛）；根據《觀藥王藥上二菩薩經》中所說的此世界過去世的五十三佛；根據《決定毘尼經》中所說的現在十方世界中三十五佛；西方極樂世界的阿彌陀佛（無量壽佛）；東方淨琉璃世界的藥師佛。

佛教中有兩大派別，所謂大乘佛教和小乘佛教。大乘佛教注重在大悲救世，所以要敘述大悲救世的種種方法，也就

山西平遙鎮國寺佛傳故事壁畫 (一)

是十方三世佛土的情況。小乘佛教注重在個人修養，所以在空間上只須要談此世界的釋迦佛，在時間上只談釋迦佛以前的六佛，即所謂「七佛」（毗婆尸佛、尸棄佛、毗舍浮佛、拘留孫佛、拘那含牟尼佛、迦葉佛、釋迦牟尼佛）是也。一般小乘寺院中只塑有一尊釋迦佛像，別無其他尊像。大乘佛教的寺院中便有種種不同的佛像、菩薩像、天人像等。小乘佛教以為佛是由其形體和道德品質相結合的，其形體稱為生身，其道德品質稱為法身，在繪畫上便要求從形容上能體現佛的道德品質；大乘佛教的本質是徹底體證了絕對真理（真如），絕對真理和佛的智慧是一致的，從而說佛有三身。絕對真理是佛的法身，體證真如的智慧（如如智）是佛的報身，教化世間的尊勝儀容是佛的應身。這佛的三身都要能從形容上表達出來，於是有三個不同的佛名和三種不同形態，就是：毘盧遮那佛（法身佛）、盧舍那佛（報身佛）、釋迦牟尼佛（應身佛）。無論其為小乘佛教的釋迦牟尼佛，或者大乘佛教的三身佛，在雕塑上或繪畫上都要求具有能體現佛的道德品質的儀容形貌，這便是「三十二相」和「八十隨形好」之說。這些相好是繪畫佛像所必須注意的。

在大乘佛教中又有顯教和密教之分。顯教注重理論，密教注重事相。密教把所有佛教理論都用形象表達出來。顯教中對某一理論問題的系統解釋，密教便使用有一

山西平遙鎮國寺佛傳故事壁畫（二）

定組織的形象來表達，這種形象名為「曼陀羅」，譯為「壇城」。例如顯教中「轉識成智」的問題，在密教中便用五方佛（中東南西北）來表達。中央毘盧遮那佛表法界體性智，東方阿閦佛表大圓鏡智，南方寶生佛表平等性智，西方阿彌陀佛表妙觀察智，北方不空成就佛或妙聲佛表成所作智。此外，密教還有消除一切災難的熾盛光如來，佈施餓鬼令得安樂的甘露王如來（即阿彌陀佛的異名）。

自宋代以後，佛教中頗多不見經傳的附會之談，它也反映在繪畫之中。如清王毓賢《繪事備考》中記載宋蘇漢臣、顧師顏所繪的佛像，有旃檀香佛、日月珠幢佛、龍步鸞音佛等。這些佛像畫已不存在，不能知其內容如何，但是這些佛名是不見於佛經而出於杜撰，肯定其所繪的內容也是不符合佛畫原則的。

一切佛像從其形體容貌的相好來說，都是相同的。所以區別各各不同的佛，主要是從其手的姿勢，所謂「手印」來分辨的。例如釋迦牟尼佛像就有說法像、降魔像、禪定像之不同。右手上舉，以食指與大指作環形，餘三指微伸，是說法相。右手平伸五指，撫右膝上，是降魔像。以右掌壓左掌，仰置足上當臍前，是禪定像。彌陀佛像是以右掌壓左掌置足上，掌中置寶瓶。藥師佛像是垂伸右手，掌向外，以食指與大指夾一藥丸。在漢地相傳有所謂「旃檀佛像」，是釋迦牟尼佛立像的一種，右手施無畏印（右手上舉，伸五指，掌向外），左手與願印（左手下垂，伸五指，掌向外），衣紋作水波紋形。相傳這是佛在世時印度優填王用檀木所造佛像的形式，是最初的佛像。

繪畫佛像，除了相好和手印外，還應注意度量。就立像而言，以全身之長為一百二十分，其肉髻高四分，就是佛頂上有肉塊高起如髻，狀如積粟覆甌，名為無見頂相。由肉髻之根下至髮際也長四分。面長十二分。頸長四分。頸下到心窩，與兩乳平，為十二分。由心窩到臍為十二分，由臍至胯為十二分。以上是上身量，共為六十分，當全身之半。胯骨長四分，股長二十四分；膝骨長四分；脛長二十四分；足踵長四分。以上是下身量，也是六十分，亦當全身之半。形象寬廣的量度，由心窩向上六分處橫量至腋為十二分；由此向下量至肘為二十分，由肘向下量至於腕為十六分，由腕向下量至中指尖為十二分，共為六十分，當全身之半。左右合計，等於全身之量。坐像的量度，上身與立像相同。由胯下更加四分是結跏雙趺交會處。由此向下再加四分是寶座的上邊。由趺會向上量至眉間白毫，即以其長為兩膝外邊的寬度。兩踵相距是四分。這是畫佛像的量度。

2、菩薩像

菩薩是梵語「菩提薩埵」的略稱。「菩提」義是覺悟，「薩埵」義是有情，凡是求覺悟的有情都可以稱為菩薩。在佛教中一般習慣對於印度弘揚佛法、建教立宗的大德法師都稱為菩薩，如馬鳴菩薩、龍樹菩薩、護法菩薩等。因為這些菩薩是印度佛教歷史上的具體人物，所以這些菩薩的畫像都屬於高僧像之類。這裏所說的菩薩像是指佛經中所提出的，與佛同時共弘教化的菩薩的畫像。

山西朔州崇福寺菩薩像

菩薩像可以分為四類：第一類是總的用形象來表達菩薩修行階次的畫像。根據佛教的理論，自凡夫而修行到達佛果，中間要經過四十二個階次，就是十住、十行、十向、十地、等覺、妙覺共四十二階次。住、行、向三十位又總稱為三賢位，十地又稱為十聖位。等覺是等同於佛的菩薩，妙覺就是佛位。用四十二個不同形狀的人像來表達這四十二位，便是四十二賢聖像，又可以分開各各單畫，如等覺菩薩像之類。

第二類是佛經中具體提出名號的菩薩畫像。這些菩薩都是等覺位的菩薩，輔助釋迦弘揚教化的。此中常畫的有文殊菩薩（又名妙吉祥菩薩）、普賢菩薩、彌勒菩薩（又稱慈氏菩薩）、地藏菩薩、大勢至菩薩、藥上菩薩、維摩居士，以及姚秦鳩摩羅什譯《仁王般若經．受持品》所說的五大力菩薩（又稱仁王菩薩或大力菩薩）等。此外還有宋人所繪或宋人畫錄中所記，其名稱不見經傳的菩薩像，如《宣和畫譜》有唐吳道子的如意菩薩（疑是如意輪菩薩之誤），唐宋人畫的寶印菩薩（疑是寶印手菩薩）、寶檀菩薩（疑即寶檀華菩薩之誤）等。其原卷今已不傳，不能知其內容如何，應亦屬於此類。

第三類是觀世音菩薩畫像。觀世音菩薩也是佛經中具體提出名號的菩薩。因為民間對之信仰甚深，畫家又繪成種種不同的姿勢，在繪畫藝術上極盡豐富多彩之能事，所以別為一類。觀世音菩薩畫像，又可以分為三類：第一類是遵照正規儀容所繪的一面二臂或坐或立相好端嚴的形象（聖觀音）。第二類是遵照密宗儀軌所繪的一面二臂或多面多臂、手持種種法物的形象，如大悲觀音、如意輪觀音、七俱胝觀音（又稱準提觀音）、不空羂索觀音、不空鉤觀音等。第三類是畫家自創風格，任意寫作，任意題名的觀音像，其中也有符合於相好、服飾、手印、度量等法則的，如水月觀音、寶相觀音等；也有只是一般人物而毫不顧及菩薩像應有法度的，如佇立觀音、白衣觀音、魚籃觀音、行道觀音、自在觀音等。此類像最為複雜，難可勝舉。

在日本相傳有十五觀音、二十五觀音、三十三觀音之說，包括以上三類的形象。

第四類菩薩像是包括佛像旁所畫的供養菩薩像，如樂音菩薩、獻花菩薩、獻香菩薩等，和畫家任己胸臆隨意寫畫毫無規矩尺度的菩薩像，如行道菩薩、親近菩薩、思惟菩薩、思定菩薩、蓮花菩薩、玩蓮菩薩、獅子菩薩等。

正規菩薩像的畫法，也與佛像一樣，是要注意到相好、服飾、手印、量度的。一般來說，佛的相好要端正溫肅；菩薩相好要柔麗慈祥。佛的服飾是單純樸實，身披袈裟。偏袒右肩，顯露心胸；菩薩的服飾要華美莊嚴，首戴天冠，身披瓔珞，手貫環釧，衣曳飄帶。各各菩薩也有一定的手印姿勢。觀世音菩薩手持蓮花，天冠中有一化佛（阿彌陀佛）。大勢至菩薩也手持蓮花，天冠中有一寶瓶。彌勒菩薩手持寶塔，文殊菩薩手持經篋或經卷，地藏菩薩手持摩尼珠和錫杖等。菩薩像的度量，大致與佛相仿，所不同的是頂無肉髻，胯無胯骨；髮際、頸喉、膝骨、足趺各減佛四分之一。以上六處共減十二分，如佛身量為一百二十分，菩薩身量便是一百零八分。寬量是由心窩平量至兩腋是十分（較佛減二分），由此下垂十八分至肘（較佛減二分），再下十四分（較佛減二分）至腕，由腕至中指尖是十二分，共為五十四分，左右合為一百零八分。

3、明王像

明王像是佛、菩薩的忿怒像。根據佛教密宗的理論，佛和菩薩都有兩種身：一是正法輪身，即是佛、菩薩由所修的行願所得真實報身；二是教令輪身，即是佛、菩薩由於大悲而示現威猛明王之相。明是光明之義，密宗以智慧的光明摧破一切煩惱業障，所以稱為明王。明王像一般是多面多臂，手持各種法物的忿怒相。如不動明王是毘盧遮那佛的忿怒相，降三世明王是阿閦佛的忿怒相，軍荼利明王是多寶佛的忿怒相，六足尊是阿彌陀佛的忿怒相，金剛藥叉是不空成就佛的忿怒相。但也有非忿怒相的明王，如孔雀明王便是一面四臂，騎金色孔雀，住慈悲相的

山西壽陽普光寺明王像

明王，是毘盧遮那佛的等流身。

一般明王除面相忿怒外，服飾如同菩薩像。手印也各有一定的儀軌。明王像的度量，上身如菩薩像，只是腹與脛各減四分之一（各十八分）。如佛身量為一百二十分，菩薩像是一百零八分，明王像便是九十六分。其寬度由心至腋如菩薩像同為十分，只是由腋至肘減為十四分（少四分），由肘至腕為十二分（減二分），手仍是十二分，共四十八分，左右共九十六分。

4、羅漢像

羅漢是梵語「阿羅漢」的略稱，含有三義：一不生、二殺賊、三應供。就是依小乘佛教修養的方法進而得到破除煩惱、解脫生死輪迴而決定得入涅槃的果證的出家弟子。阿羅漢的畫像大約有三類：第一是眾多羅漢的組合像，如十大弟子像（根據《維摩經．弟子品》所記的釋迦如來的十大弟子）、十六羅漢像（根據《法住記》所記受釋迦如來咐囑長住世間的十六弟子）、五百羅漢等。十八羅漢像是從十六羅漢像發展而成，可能是中國畫家增繪了《法住記》的作者和譯者，但是很難考定。

山西沁水石室村西寺羅漢像

至於古畫卷上所看到的四羅漢像、六羅漢像、十四羅漢像等都是十六羅漢像的殘本。第二是由十大弟子或十六羅漢中選繪的單獨一羅漢像，如迦葉像、須菩提像、富樓那像、賓頭盧像，降龍羅漢、伏虎羅漢等。第三是畫家任意寫作，不拘尺度的畫一比丘形象而題為羅漢，如岩居羅漢、赤腳羅漢、玩蓮羅漢、羅漢出山、羅漢補衲等。就相好而言，羅漢像是頂無肉髻，相貌或老或少，或善或惡，以及美醜雅俗、怪異胖瘦、高矮動靜均可任意寫作。顏色可以赤黃白黑，唯須目端鼻正，身着僧衣切忌根殘肢缺。

至於量度標準則與菩薩的量度相同。

小乘行者有兩種：一是羅漢，二是

山西陽曲北郁利佛堂寺羅漢像

緣覺。羅漢亦稱聲聞，言其受佛教化聞聲得度的；緣覺又稱獨覺，梵語是「辟支佛」，是生在無佛之世，自悟十二因緣的道理而得解脫生死輪迴，證入涅槃的果位的；同屬小乘，其畫像也屬於羅漢像之類。依據正規，獨覺像是頂上微現肉髻，面目與佛同，身着僧衣，而量度與菩薩的量度相同。但是畫家繪辟支佛像常與羅漢像同，任意作其形象而題作辟支佛而已。

5、天龍八部像

天龍八部像亦即是鬼神像。天龍八部是指天、龍、藥叉、乾闥婆（天樂神）、阿修羅（神）、迦樓羅（金翅鳥神）、緊那羅（天歌神）、摩睺羅迦（蟒神）。其中主要是天神像。這種像也有兩類：一是佛經中具體舉出名字的天神像，二是畫家任意圖繪的天神像。具體有名字的天神，如梵王、帝釋（此二天是最初請佛説法，後來經常侍衛佛的）、摩醯首羅天（世界中最高的天）、摩利支天（道教所謂斗姆）、四大天王（東方持國天王，抱琵琶；南方增長天王，持劍；西方廣目天王，持蛇；北方多聞天王，托塔或抱傘）、龍王、鬼子母和九曜神（日、月、金、水、火、土、羅睺、計都）等。畫家任意繪畫的如佛像旁的飛天以及行道天王、過海天王、雲蓋天王、善神、護法神、坐神、立神等。

天神像的度量，全身長為九十六分。無頸項。面輪十二分，由下顎至心，由心至臍，由臍至胯各十二分，股十八分，脛十八分。髮際、膝蓋、足趺各三分。共為九十六分。寬度從心間橫量至腋為十分。由腋下至肘為十四分，由肘至腕為十二分，由腕至中指尖為十二分，共為四十八分，左右合九十六分。

鬼神像中又有「侏儒量」，寬廣各七十二分。面輪十二分與上同。由下顎至心，由心至臍，由趺至胯各十分。股與脛各十二分。膝蓋、足趺各三分。其上無髮，共七十二分。從心橫量至腋為六分，由腋下至肘為十分，由肘至腕為八分，由腕至中指尖仍為十二分，共為三十六分，左右共七十二分。

6、高僧像

高僧像都是佛教歷史中的具體人物。其量度無有一定，縱廣不等。一般可以身量為八十四分，而寬廣為九十六分。也可以由畫家任意繪畫比丘形象以舒情意，如梵僧、渡水僧等。

7、曼荼羅畫

「曼荼羅」是梵語，義為輪集。古譯作「壇」或「輪壇」，是密宗修行時所供奉的佛像畫。

迦陵和尚像

其形式或方或圓，在其中央畫一佛或一菩薩像以為本尊。本尊的上下左右四方以及四隅各畫一菩薩像，形成一俯視的蓮花，其中央蓮台上是本尊，周圍八個蓮瓣上各有一像，總成為中院。在此外周圍又有一層或二層諸菩薩或護法諸天像，成為外院。繪畫曼荼羅畫，必須遵照各個本尊的經軌中所規定的儀則，不得改變。如依據《大日經》所繪的胎藏界曼荼羅，根據《金剛頂經》所繪的金剛界曼荼羅，一幅之中層層有眾多佛菩薩，名為「普門曼荼羅」或「都會曼荼羅」，或「普門會曼荼羅」。其中有以藥師佛、阿彌陀佛、觀世音菩薩等為中心的比較簡單的曼荼羅，名為「一門曼荼羅」或「別尊曼荼羅」。如居庸關石刻在其洞券頂上石刻佛畫便是尊勝佛頂曼荼羅畫。修密宗的人持誦顯教經典，如《法華經》《仁王般若經》等而繪畫成的法華曼荼羅、仁王曼荼羅等，總稱為「經法曼荼羅」。

8、佛傳圖

佛傳圖是繪畫釋迦牟尼佛一生教化事跡的圖。可以多幅連續表其一生，或選畫其中某一事跡，如說法圖之類。釋迦牟尼佛一生重要事跡，一般稱為八相成道。對此有大小乘兩種說法不同。大乘的說法：（1）從兜率天降，（2）白象入胎，（3）住胎說法，（4）右脅降生，（5）逾城出家，（6）樹下成道，（7）初轉法輪，（8）雙林入滅。小乘的說法是沒有住胎說法一相，而在出家之後、成道之前加降伏魔軍一相。在我國西藏又有十二相成道之說，（1）從人間上生兜率天，（2）從兜率天降，（3）入胎，（4）出胎，（5）善巧諸技藝，（6）受用諸妃眷（5、6是讚美太子宮中的生活，文學武功都最精巧，享盡富樂），（7）出家，（8）修苦行，（9）降魔，（10）成道，（11）轉法輪，（12）入涅槃。以上所敍成道相是屬於成佛以前的相多，屬於成佛以後的相少。又有八大靈塔之說，是以八個地區紀念佛一生的八件事跡：（1）佛生處——迦毗羅城龍彌僧園；（2）成道處——摩迦陀國泥連河；（3）轉法輪處——迦尸國波羅奈城鹿苑；（4）現神通處（降六師外道）——舍衛城祇陀園；（5）從忉利天下處（成佛後上忉利天三月為母說法後下至人間）——桑伽尸國曲女城；（6）化度分別僧處——王舍城（提婆達多作破僧事，使僧眾分裂為二處，由佛化度，復歸和合）；（7）思量壽量處（佛思念將入涅槃——毘耶離城）；（8）入涅槃處——拘尸那城。至於佛傳畫集有明人依唐王勃《成道記》繪的《釋氏源流》和清人繪的《釋迦如來應化事跡》，這二畫都有木刻本傳世。一般繪畫家、雕刻家所常選作佛傳題材的有：

仙人布發掩泥得燃燈佛授記；

菩薩在忉利天宮説法；

白象形降神入胎；

右脅降生；

父王奉太子入天祠，天神起迎；

阿私陀仙為太子占相；

入學習文；

比試武術；

太子納妃；

太子田間觀耕後，樹下靜觀；

太子出遊四門，見老病死和沙門；

太子在宮闈中的生活，見婦女姿態深可厭患；

逾城出家；

六年苦行；

降魔；

成道；

梵天勸請說法；

鹿苑初轉法輪，度五比丘；

降伏毒龍，度三迦葉；

遊化摩竭陀國；

還回迦毗羅國，與父淨飯王相見；

給孤長者奉獻祇陀樹園；

升天為母摩耶夫人夏三月說法後下降人間；

提婆達多以醉象害佛，佛調伏醉象；

摩竭陀國王舍城阿闍世王；

憍薩羅國舍衛城波斯匿王；

佛在摩竭陀國帝釋岩為帝釋說法；

教化伊羅鉢龍；

佛在龍窟留影；

在雙林入涅槃；
迦葉來禮佛，佛從金棺現雙足；
八王分取舍利。
關於佛傳的經典有《修行本起經》《太子瑞應本起經》《普曜經》《過去現在因果經》《佛本行集經》《眾許摩訶諦經》《佛所行贊》等可以參考。其中品題即可採為畫題。

9、本生圖

本生圖是繪畫釋迦牟尼佛在過去生中為菩薩時教化眾生的種種事跡。繪畫家、雕刻家所常選用的本生題材有下列諸事：
雪山大士為聞半偈法以身奉羅剎（出《大涅槃經》卷十四）；
睒子菩薩孝養瞽親，為王誤射而得還蘇（出《菩薩睒子經》《六度集經》）；
尸毗王以身貿鴿；
月光王以頭施與婆羅門（上二均出《月光菩薩經》和《賢愚經》卷六）；

普明王為鹿足王所捉，請期七日，還來就死不妄語（出《智度論》卷四和《仁王般若經》）；

須達拏太子以子妻施婆羅門（出《智度論》卷十二和《太子須大拏經》）；

薩埵王子捨身餵虎（出《金光明經》卷四和《賢愚經》）；

慕魄太子十三歲之間為無言之行（出《太子慕魄經》）；

九色鹿王行忍辱（出《九色鹿經》）。

關於記佛本生的經典有《六度集經》《菩薩本緣經》《生經》《菩薩本行經》《大方便佛報恩經》《菩薩本生鬘論》《義足經》《五百弟子自說本起經》等可以參考。其中一一故事均可被選作繪畫的題材。

10、經變圖

凡將佛經中所敍的故事繪為圖畫，名為經變相。佛傳圖和本生圖也是根據佛經所說的故事而繪畫的，也屬於經變一類。但是因為內容是表達釋迦牟尼佛今生或過去生中的事跡，所以別為佛傳圖和本生圖。此外專門描繪某一經中一段或全部所說的內容，稱為經變圖。如根據《阿彌陀經》繪畫極樂世界的情況叫作極樂淨土變；根據《觀無量壽經》繪畫韋提希夫人被囚和觀極樂世界十六觀法，叫作觀無量壽佛經變；根據《藥師本願經》繪畫藥師佛淨土情況，叫作藥師經變；根據《彌勒上生經》繪畫彌勒菩薩在兜率天說法，叫作彌勒上生經變；根據《彌勒下生經》繪畫彌勒成佛的情況，叫作彌勒下生經變；根據《華嚴經》所繪毗盧佛說法，或華藏世界，或善財童子五十三參，叫作華嚴經變；根據《維摩經》所繪十大弟子與維摩問答、文殊問疾、天女散花等，叫作維摩經變；根據《法華經》繪畫佛說法相，叫作法華經變；根據《金剛經》繪畫佛說法相，叫作金剛經變；根據《楞伽經》繪畫佛說法相，叫作楞伽經變；根據《法華經．普門品》繪畫觀音普門示現三十二應相，叫作觀音經變；根據《大悲心陀羅尼經》繪畫大悲觀音像，叫作大悲經變；根據《楞嚴經》繪畫二十五圓通相，叫作楞嚴經變。此外繪地獄情況，叫作地獄變，等等。

11、故事圖

根據佛教歷史中所記載的故事，繪畫成圖，叫作故事圖。印度佛教史中有阿育王像。中國佛教史的故事，首先是攝摩騰取經圖。又有石勒禮佛圖澄圖，也叫作石勒問道圖，也叫作蕃王禮佛圖，這是古人常畫的。關於東晉的佛教故事有：支（遁）許（詢）閒曠圖，支遁三雋圖，慧遠虎溪三笑圖，東林蓮社圖，生公說法圖等。關於南北朝的佛教故事有：梁武帝翻經圖，梁武帝與志公論法圖，達摩渡江圖，達摩面壁圖，二祖調心圖。關於隋唐的佛教故事有：隋文帝入佛堂圖，玄奘取經圖，五祖授衣圖，龐居士圖，丹霞訪龐居士圖。昌黎見大顛圖，李翱訪藥山圖，圓澤三生圖，豐干與寒山、拾得天台說問圖。宋代的佛教故事有：贊寧譜竹圖，東坡留玉帶圖等。此外還有畫家遺興之作，如元趙孟頫的寫經換茶圖，明孫克弘的聽經雞圖，劉廷美的上方遊覽圖，趙璞的石梁飛錫圖等，都是描繪當時的故事。

12、山寺圖

山寺圖是佛畫中的山水畫，以描寫山寺的風景為題材。可以根據佛經繪畫與佛教有關的山水，如阿耨達池圖、雪山佛刹圖。但是主要的是繪畫中國有名的，或當時與繪畫家有特別淵源的佛寺風景。古代的山寺圖有白馬寺寶台様、天宮寺等。唐

大覺臥遊圖

宋人所繪有江心寺圖、五台山圖、峨眉山圖。元人的獅子林圖最有名。又有多寶塔院圖。此外明代人所繪多是一時與寺僧饋贈之作，如金山寺圖、南湖禪舍圖、結庵圖、肇林社圖、治平山寺圖、吉祥庵圖、寒山寺圖、金明寺圖，清人有盤山十六景圖、桃花寺八景圖、棲霞寺圖、會善寺圖、雲棲山寺圖、鎮海寺雪景圖、香山寺圖、雲林寺圖等。

13、雜類圖

雜類圖是畫家不根據經論，只是一時遣興之作。如禪宗主張破除一切名相的執着，稱為掃相，而畫家便畫作大象而一人用掃帚掃之，或用水洗之，題為掃象圖，或洗象圖。又如譏笑比丘的醉僧圖。又如無關具體事實的講經圖、聽法圖、禪會圖、參禪圖、問禪圖、解禪圖、逃禪圖、禮佛圖、托鉢圖、繡佛圖、三教圖、佛道圖、儒佛圖、貝葉注經圖、竹間持咒圖、貝葉清課圖、宣梵雨花圖、香象歸依圖、羚羊獻花圖，這些都只屬於雜類而已。

妙峰山進香圖

14、水陸圖

水陸法會，全名叫作「法界聖凡水陸普度大齋勝會」，是佛教中最盛大的宗教儀式之一。在舉行水陸法會時，要在殿堂上懸掛種種宗教畫，統稱之為水陸畫。水陸法會的緣起，一般傳說是梁武帝夢中得神僧啓示，醒後與寶志禪師研究，創作了儀軌，在金山寺最初舉行。現在水陸畫中還將此故事畫成水陸緣起圖，成為一幅。但水陸儀軌中所誦咒語都是唐代所譯經咒，儀軌不會是梁代所撰。水陸法會是北宋神宗時才盛興起來的，是由唐代密宗的冥道供和梁武帝的《慈悲懺法》綜合組成。

山西壽陽普光寺水陸畫

山西沁水石室村西寺二十四尊天像

水陸畫並無一定的幅數，最多有二百幅，或一百二十幅，少則三十二幅或七十二幅。其中分上堂和下堂兩部份。上堂之中有佛像、經典像、菩薩像、緣覺像、聲聞像、各宗祖師像、印度古仙人像、明王像、護法鬼神像、水陸撰作諸大士像。下堂之中有諸天像、山嶽江海諸神像、儒士神仙像、諸種善惡神像、阿修羅像、種種鬼像、閻羅王及鬼卒像、地獄像、畜生像、中陰眾生像、城隍土地像。可以說水陸畫是集釋道畫的大成。下堂畫中諸天和諸神像大部雜有道教畫。每幅的繪法章法雖不一定，人物可分可合，可多可少，但是每幅的畫法都有一定的規矩，而且保持着唐宋的遺法。

四、繪曼荼羅的軌則

密宗最注重事相，所以密宗所供奉的曼荼羅畫必須依照經軌所說的儀則如法繪畫。密宗經典中常載有對本尊曼荼羅的畫法。現在略引五經以示梗概：

唐阿地瞿多譯《陀羅尼集經》卷二說作阿彌陀佛像法云：「其作像法，先以香水泥地作壇，喚一二三好巧畫師，日日灑浴，與其畫師受八戒齋。咒師身亦日日灑浴，作印護身，亦與畫師作印護身。咒師畫師兩俱不得犯戒破齋，不吃五辛酒肉之物。作壇中央着帳，四方着飲食果子，種種音樂供養阿彌陀佛。其畫師着白淨衣服，用種種彩色，以熏陸、安悉等香汁和之，不得用皮膠。咒師坐於壇外，面向西，畫師面向東，咒師前着一香爐，燒種種香及散諸華。夜即燃燈。咒師作阿彌陀佛身印，誦陀羅尼咒曰：『那謨阿梨耶，阿彌陀婆耶，怛他揭多夜，阿羅訶底，三藐三菩提耶，跢侄他，唵，阿密哩羝，訶那訶那，薩婆波跛尼，陀訶陀訶，薩婆波跛尼，嗚吽泮，莎訶。』次畫師畫佛像法用，中央着阿彌陀佛，結跏趺坐，手作阿彌陀佛說法印。左右大指無名指頭各相捻，以右大指無名指頭壓左大指無名指頭，左右頭指中指小指開豎。佛之右廂作十一面觀世音菩薩像，左廂作大勢至菩薩像。」

八葉蓮種子曼荼羅

唐菩提流志譯《一字佛頂輪王經》卷一云：「此一字佛頂輪王像，是像無量殑伽沙俱胝諸佛同共宣說，於出世、世間一切變像，此像最上，利益一切障累有情。是像乃是一切如來神通變化，形容相好，冠纓衣服，運度一切罪垢有情登涅槃岸最三摩地。畫斯像者，先曾人此頂輪王灌頂無勝法壇，於阿闍梨手授具足咒句印法，或復入於勝頂王壇已成就者，為阿闍梨印贊許可，求證出世大涅槃處。如是行人乃堪畫像。正命令於淨行婆羅門善信童女，或命大姓種族父母真正善信童女，教淨護持，撚治織縫，莫粗惡絲持和織畫，勿刀截斷。

闊量四肘，長量六肘；或闊三肘，長量五肘。若力不迨如是織作，亦任貨求鮮淨好者，勿還價直，貨得物已，以淨香水如法蘸浴，乃中圖畫。色盞新淨，勿用皮膠。水調和彩色，用以香膠調色畫彩。或取如來種族部中教法軌則，畫像亦得。畫是像者，當於一切佛神通月畫飾莊采，所謂正月、五月、九月，則斯等月月初一日，或十五日起首畫摸，其畫像處，於佛堂殿，或於山間仙人窟處。是處占相方圓百步無諸臭穢，水復無蟲，清潔淨美。當所畫地日日如法香水塗灑。其畫匠人諸根端好，性善真正，具信五根。若畫彩時授八戒齋，一出一浴，着新淨衣，斷諸談論。先正當中畫菩提樹，種種寶莊枝葉花果（中略）。樹下畫釋迦牟尼如來，備三十二大人相，八十妙好。身背圓光，坐師子座。結跏趺坐，作說法相。」

唐菩提流志譯《不空羂索神變真言經》卷八云：「世尊，是不空王像三昧耶，當以白氎或細布上，或復絹上，方圓四肘，或方八肘。畫匠畫時一出一浴，以香塗身，着淨衣服，食三白食，寂然斷語，受八齋戒。盞筆彩色皆令淨好，勿用皮膠調和彩色。當中畫七寶補陀洛山，其山腰象須彌山腰，山巔九嘴猶若蓮花，當中嘴狀如蓮花台。山上畫諸寶樹花果一切藥草，山下大海水巾魚獸水鳥之類。當中嘴上七寶宮殿種種莊飾，其宮殿地眾寶所成，殿中置寶蓮花師子座。其上不空羂索觀世音菩薩，一面三目一十八臂，身真金色，結跏趺坐，面貌熙怡。首戴寶冠，冠有化佛，二手當胸合掌。」

唐不空譯《金剛恐怖集會方廣軌儀．觀自在菩薩三世最勝心明王經．成就心真言品》云：「誦此真言，一一字滿一洛叉（師云：三十五萬），然後畫像。應令童女於清淨處織氎絹等，以帛復口，三時洗浴，身着白衣。供給織者飲食等人亦須清淨，織以白線，機杼應新。諸難調伏信根不具足人，是惡流輩皆勿令見。於織處布散時花，轉讀大集經，令會畫人當受八戒。緣像所市一依所索，勿與畫者有爭競心。其絹氎等香水浸漬。藍青雌黃及與紫礦，此中彩色，是等皆除，白色應用白檀、烏始羅、龍腦香等。黃色應用苜蓿香、薩計抳耶（百合代）龍等。赤色應用鬱金香、紫檀等。黑色應用多迦羅花、青蓮花、酥合香等。身分及乳皆不應用。畫者護持禁戒，常思六念。先中央畫菩提樹，樹下畫阿彌陀如來，坐師子座，以二蓮承，身金色，右手施無畏。佛左聖得大勢至菩薩，佛右聖觀自生菩薩。」

唐不空譯《七俱胝佛母所説準提陀羅尼經》中準提佛母畫像法云：「取不截白氎去毛髮者，揁於淨壁。先應塗壇，以閼伽飲食隨力供養。畫師應受八戒齋，清淨畫像。其彩色中勿用皮膠。於新器中調色。應畫準提佛母像，身黃白色，結跏趺坐，坐蓮花上。身佩圓光，着輕縠。」

大乘佛教經典常讚嘆繪畫佛像的功德。如《賢劫經（卷一）四事品》中說：「作佛形象坐蓮華上。若摸畫壁繒氎布上，使端政好，令眾歡喜，由得道福。」由此也可以知道印度繪畫佛畫的材料是以壁、繒、氎、布為主的。又《賢愚因緣經．阿輸迦施土品》中說釋迦如來過去生中由畫佛像而感得成佛，涅槃以後，阿育王為造八萬四千塔的果報。經中說：「過去久遠阿僧祇劫，有大國王名波塞奇，典閻浮提八萬四千國。時世有佛，名曰弗沙。波塞奇王與諸臣民供養於佛及比丘僧。四事供養，敬慕無量。爾時其王心自念言：『今此大國人民之類常得見佛，禮拜供養；其餘小國各處邊僻人民之類無由修福，就當圖畫佛之形象，布與諸國，咸令供養。』作是念已，即召畫師敕使圖畫。時諸畫師來至佛邊，看佛相好，欲得畫之。適畫一處，忘失餘處。重更觀看，復次下手，忘一畫一，不能使成。時弗沙佛調和眾彩，手自為畫，以為模法，畫立一像。於是畫師乃能圖畫，都盡八萬四千之像，極令淨妙，端正如佛。布與諸國，一國與一。又作告下，敕令人民辦具花香，以用供養。諸國王臣民得如來像，歡喜敬奉，如視佛身。如是阿難，波塞奇王，今我身是。緣於彼世畫八萬四千如來之像，布與諸國，令人供養。緣是功德，世世受福，天上人中恆為帝王，所受生處，端正殊妙，三十二相八十種好。緣是功德，自致成佛。涅槃之後，當復得此八萬四千諸塔果報。」正是由於對繪畫佛像功德的鼓勵，因而佛畫藝術就更得到了發揚。

漫談大藏經

大藏經古代或稱為一切經。是將由印度和西域傳譯到中國的大小乘經、律、論及賢聖集傳匯編而成的一大叢書。在古代刻板技術尚未發明以前，一切經都是抄寫的。寫經是卷子式。專司寫經的人稱為經生。到宋代以後才有木刻本的大藏經。

佛教經論在中國的流傳，經過歷代的翻譯，以至匯集、編次而逐步成為各種不同文字的大藏經，實在是一件偉大的事業。佛教從漢明帝時（一世紀中）傳入中國以後，佛經翻譯逐漸增多。但所譯經典，在初期都是散在各地的。即以目錄而論，或以人分，或依地分，或按時代，也都是分別記載，未經整理。到苻秦的釋道安（三一四—三八五）才綜集群經，纂成完整的目錄，但是還未有一切經藏的編次。據僧祐《出三藏記集》所載《法苑雜緣原始集目錄》中有《定林上寺建般若台大雲邑造經藏記》《定林上寺太尉臨川王造鎮經藏記》《建初寺立般若台經藏記》。太尉臨川王是梁武帝蕭衍的兒子蕭宏。大約經藏的建立是盛行於梁代（五零二）。到了梁武帝天監十四年（五一五）命僧紹撰《華林殿眾經目錄》，後二年（五一七）又敕寶唱改定，共一四三三部三七四一卷（見《歷代三寶記》卷十五）。這便是整理皇家所藏的經藏了。同時在北朝也有整理經藏之舉。魏孝武帝永熙年中（五三二—五三四）舍人李廓撰《魏世眾經目錄》，共四二七部二零五三卷。北齊武平年中（五七零—五七五）沙門法上也撰了《齊世眾經目錄》，共七八七部二三三四卷（見《歷代三寶記》卷十五）。自此以後，抄寫經藏之風盛行。陳武帝（五五七—五五九）寫一切經十二藏，文帝（五六零—五六七）也令寫經五十藏，宣帝（五六九—五八二）又令寫經十二藏。當時朝臣之中徐陵寫經一藏，江總寫一切經三七五二卷。在北朝，魏道武帝（三八六—四零八）早就令寫一切經。司徒北海王元詳和司牧高陽王元雍也書寫一切經十二藏。這二人都是獻文帝（四四一—四七五）的兒子。其後北齊孝昭帝（五六零）為他的父親寫一切經十二藏，共三八零四七卷。齊廣寧王高衍也寫經三千餘卷，北周刺史馮熙寫一切經十六部。《廣弘明集》中還載有周王褒撰《經藏願文》，魏收撰《北齊三部一切經願文》。

到了隋代（五八一—六一八），隋文帝敕寫一切經四六藏一三二零八六卷。隋煬帝曾建寶台經藏，並自撰願文，新舊寫經六一二藏。從這些記載上看，各地經藏的部數、卷數，尚未劃一。仁壽二年（六零二）彥琮的《眾經目錄》，入藏見錄有六八八部二五三三卷，這很可能就是寶台經藏的目錄。

唐初貞觀五年（六三一），太宗令苑內德崇寺、宜興寺為皇后書寫藏經，九年（六三五），又敕大總持寺僧智通、秘書郎褚遂良在苑內寫一切經。十一年（六三七），太子李治在延興寺寫一切經。高宗顯慶四年（六五九），西明寺也寫成一切經藏。此後各大寺院都書寫一切經藏。靜泰的《東京大敬愛寺一切經論目錄》有八一六部四零六六卷。道宣撰《大唐內典錄》中的《歷代眾經見入藏錄》就是西明寺寫經的依據，總八零零部三三六一卷。明佺的《大周刊定眾經目錄》有八六零部三六二九卷。釋智升的《開元釋教錄》中入藏目錄增至一零七六部五零四八卷。這個數目成為唐宋藏經的基本數目。到貞元中（七八五—八零四）續修經錄，入藏部帙增加了一三七部三四三卷。以上各經藏的編集，大概都是根據大乘經、大乘律、大乘論、小乘經、小乘律、小乘論、賢聖集傳而分類編次的。各類經典的排列，在經目中通常用《千字文》的次序編排，每十卷為一帙，每帙順序用《千字文》中一字為標號，以便尋檢。每經抄寫用紙張數也註明在目錄之內，以便核對。所以通常說，漢文大藏經的編次是到唐代《開元釋教錄》才完備的。

到了宋初，雕板事業興起，於是有木刻本的大藏經。從宋太祖時雕印大藏經開始，一千年之間，先後有二十餘次刻本。到了現在，除清藏外，不僅原板無存，就是印造的藏經，也成為稀有名貴的文物。

統計大藏經的刻本可以分為兩大類：一是漢文大藏經，二是少數民族語文大藏經。漢文大藏經又可分為國內刻本和國外刻本兩種。今分別略述如下：

一、漢文大藏經

甲、國內刻本

宋開寶刊蜀本大藏經　簡稱開寶藏或蜀本藏。這是中國第一部刻本大藏，現在無全本，流傳的零卷也極少。《佛祖統紀》卷四三宋太祖開寶四年（九七一）記云：「敕高品、張從信往益州雕大藏經板。」又太宗太平興國八年（九八三）記云：「成都先奉太祖敕造大藏經，板成進上。」據《北山錄》卷十註及《佛祖歷代通載》卷一八記其板數凡十三萬餘板。日本《元亨釋書》卷一六記日本一條天皇永延元年

（九八七）奝然賚此藏經還日本，當時總數五零四八卷。云其後屢經添補，最後積至六五三帙，六千六百餘卷之多。裝璜全是卷子式，每板二十三行，每行十四字或十五字。《佛祖統紀》卷四五真宗天禧三年記：「十一年東女真國入貢，乞賜大藏經，詔給與之。」又卷四六仁宗嘉祐三年記：「西夏國奏國內新建伽藍，乞賜大藏經，詔許之。」是知此藏在當時流佈區域頗廣。

宋婺州開元寺大藏經　婺州是今浙江金華市。此藏今不傳。僅楊億《武夷新集》卷六有太宗至道初於婺州開元寺印大藏之説而已。

宋契丹本大藏經　即是遼國所刻，簡稱契丹藏或遼本大藏（按：近年在山西應縣木塔發現少數殘卷）。其開雕年月，據遼僧覺苑《大日經義釋演秘鈔序》云：「自我大遼興宗御宇，志弘藏教，欲及遐邇，敕盡雕鏤，須人詳勘。」《高麗史》卷八云：「文宗十七年癸卯（即遼道宗清寧九年，宋仁宗嘉祐八年，一零六三）三月契丹送大藏經至，王備法駕迎於西郊。」由此可以考知契丹藏始刻於興宗，而完成於道宗之初。《金石萃編》卷一五三載志延《暘台山清水院創造藏經記》云：「印大藏經凡五百七十九帙。」比宋開寶藏之四八零帙實增加九七帙。日本《東文選》卷一一二所載釋宓庵《丹本大藏慶贊疏》稱其「帙簡部輕，函未盈於二百；紙薄字密，冊不滿於一千；殆非人功所成，似借神巧而就」。可以推測契丹本大藏，一部份是小字密行的。

宋福州東禪等覺院大藏經 此藏世簡稱崇寧萬壽大藏或福州藏，東禪院本。是東禪等覺院住持沖真發起，創建印藏經院，以神宗元豐初（一零七八）開始（此藏題記最早的是元豐三年，但籌募想在此以前），經慧榮、沖真、智業、了元、智賢、契璋、普明等募集眾緣，至徽宗崇寧二年（一一零三）始完成。今世所傳東禪院本《華嚴經》卷八零題云：「福州東禪等覺院住持慧空大師沖真於元豐三年庚申歲謹募眾緣，開大藏經板一副，上祝今上皇帝聖壽無窮、國泰民安、法輪常轉。」又《大般若經》題云：「於是親為都大勸首，於福州東禪院勸請僧慧榮、沖真、智賢、普明等募眾緣，雕造大藏經板，及建立藏院一所，至崇寧二年冬方始成就。」全藏自天字函至群字函，凡四七九函，與《開元釋教錄略出》所載大致相同，微有變更，並依《貞元新定目錄》增入十經。但其後又陸續增刻開元以後入藏諸經。以諸經跋記考之，自元豐三年迄南宋孝宗淳熙二年總凡九十七年間，先後共刻成五八零函一四四零部六一零八卷。板式是梵夾式，半頁六行，每行十七字。每函附音釋一帖。但自更字函以下十函，天台宗章疏是每行十九字。

宋福州開元寺大藏經　此藏世簡稱毗盧大藏，開元寺本，也稱福州藏。福州兩藏，國內已無全本，日本所存福州藏多是兩藏配合而成。據此藏中《唐譯華嚴經》卷八題記云：「福州眾緣寄開元寺，雕經都會蔡俊臣、陳詢、陳靖、劉漸，與證會住持沙門本明，恭為今上皇帝祝延聖壽，文武官僚同資祿位，雕造毗盧大藏經印板一副，計五百餘函，時政和壬辰歲月日，勸緣沙門本悟謹題。」又謂字函《分別功德論》卷中題云：「福州開元寺住持僧傳法慧海大師惟沖謹募開封府……從四百一函起，取至周圓。」又圖字函《雜譬喻經》題云：「入內內侍省東頭供奉官干，辦應天啓運宮奉迎所武師說，恭為今上皇帝祝延聖壽，謹施俸資雕造毗盧大藏經板涇字至圖字一十函。時紹興戊辰閏八月日，福州開元禪寺住持傳法慧通大師了一題。」又弁字函《華嚴經音義》卷上題云：「敷文閣直學士左朝議大夫川府路都鈐轄安撫使知涂們軍州提舉學事兼管內勸農使賜紫金魚袋馮檝，恭為今上皇帝祝延聖壽，捨俸添鏤經板三十函補足毗盧大藏，永冀流通。勸緣福州開元禪寺住持慧通大師了一題。」統檢全藏刊刻題記，自天字至勿字凡五六四函，始宋徽宗政和二年（一一一二），迄宋高宗紹興二十一年（一一五一），凡四十年而後完成。全藏總為五九五函一四五一部六一三二卷。板式及書體與東禪院板相同，不及思溪藏的精巧。

宋安吉州思溪圓覺院、資福禪寺大藏經　安吉州即今浙江吳興。此藏世簡稱思溪藏或湖州本，浙本，南宋本。依此本題記是湖州王永從等發願，淨梵、懷琛等勸緣，于思溪圓覺院刻板。宋高宗紹興二年（一一三二）刻成，五五零函。其開刻年月或在北宋時已經開始。前松坡圖書館藏有此藏，是清末楊守敬使日本時購回，今並歸中國國家圖書館。此藏履字函《長阿含經》卷二二題云：「大宋國……王永從，同妻恭嚴氏；弟忠翊郎永錫，妻顧氏，侄武功郎沖允，妻卜氏；從義郎沖彥，妻陳氏；男迪功郎沖元，妻真氏；保義郎沖和，妻呂氏與家眷等，恭為祝延今上皇帝聖躬萬歲，利樂法界一切有情，謹發誠心捐捨家財，開鏤大藏經板，總五百五拾函，永遠印造流通。紹興二年四月日謹題。雕板作頭李孜、李敏，印經作頭密榮，掌經沙門法己，對經沙門仲謙、行堅，干雕沙門法祚，對經慈覺大師靜仁，慧覺大師道融，賜紫修敏，都對證湖州覺悟教院住持傳天台祖教真悟大師宗鑒，勸緣平江府大慈院住持管內掌法傳天台教說法大師淨梵，都緣住持圓覺禪院傳法沙門懷琛。」又鳳字函《妙法蓮華經》卷七題云：「大宋國浙西路安吉州長興縣白烏鄉奉三寶弟子因道捨財贖到法華經板七卷，捨入思溪圓覺禪院，補填大藏經字函……嘉祐三年二月日弟子因道政意旨。」又可字函《圓覺經》第二卷題云：「大寺大藏經仗蒙安撫大資相公趙給錢贖此經兩序及諸經板字損失者重新刊補，務在流通佛教，利益群生。淳祐庚戌（一二五零）良月圓日住持釋清穆謹題。」舊來傳説圓覺院藏與資福寺藏是兩個不同的刻本而其中資福寺藏刊刻源流不明。今考思溪各本題記多與圓覺院有關。可見資福寺板實在就是圓覺院板。至於兩寺的關係尚難考定。其板式與福州板相同而體裁精美過之。全藏自天字函至最字函凡五九九函，一四五九部，五九四零卷。

金解州天寧寺大藏經　解州即今山西解縣。此藏世久不知名，一九三六年始於山西趙城縣廣勝寺發現。因通稱為金藏或趙城藏。明嘉興藏的《刻藏緣起》中有陸光祖《募刻大藏經疏》，文中説：「昔有女子崔法珍斷臂募刻藏經，三十年始就緒。當時檀越有破產鬻兒應之者。聖朝道化宏廣，越前朝遠甚，豈無勝心豪傑乎。」又《金史紀事本末》卷三零中也説：「秘書省碑今在燕弘法寺……大定十八年潞州崔進女法珍，印經一藏進於朝。命聖安寺設壇為法珍受戒為比丘尼。二十三年賜紫衣宏教大師。明昌四年立碑石，秘書丞兼翰林修撰趙渢記，翰林侍講學士党懷英篆額。」由此可知此藏是崔法珍所創始。就藏中題記考之，如《大般若經》卷五九題云：「解州夏縣古鄉趙村王德並妻李氏同發虔誠，謹捨淨財大藏經板會下施錢二千餘貫……乙亥十二月八日奉佛弟子王德。」又《地藏十輪經》卷一、卷八、卷九有記云：「絳州太平縣吳翼，奉為亡父吳海，特發虔心，謹就天寧寺開雕大藏經板會下雕《地藏十輪經》一部一十卷……大金貞元三年四月二十五日吳翼施。」由此可以證明，當時是在解州天寧寺設立開雕大藏經板會主持其事的。題記之中所記刊刻年代最早的金皇統九年（一一四九），見日字帙《大般若經》卷八二末，文云：「蒲州河津縣第四都西母村，施雕大藏《般若經》□卷，都維那毋戬，維那王行者，助緣維那等毋憂，薛謹（人名略），奉為報答天龍八部四恩三有，法界眾生同成佛果。皇統九年己巳歲。」最後為大定十三年（一一七三），見雁字帙《大乘智印經》末，文云：「大定十三年三月日藏經會下重雕造。」其中間有天德、貞元、正隆、大定諸年號，歷時三十年，亦與陸光祖之說相合。板式是復刻北宋開寶藏而增入若干經疏。裝璜也是卷子式。全藏自天字函至幾字函凡六八二帙。如與高麗藏對校，自天字函至轂字函凡五一零帙的編次全與麗藏相同：自振字函至世字函前半凡二帙半是麗藏所無；自世字函後半至號字函凡六七帙半，內容與麗藏同而編次有變易：自踐字以下一零一帙是麗藏所無，而與《至元法寶勘同錄》大致符合。此經板雕刻在解州，但崔法珍既於大定十八年出家，又於二十三年賜紫及師號，其經板也就隨之移入京師弘法寺。《金文最》卷一一一中有趙渢《濟州普照寺照公禪師塔銘》，文中敍照公於大定二十九年在寺建立輪藏之事云：「聞京師弘法寺有藏經板，當往彼印之，即日啓行，遂至其寺，凡用錢二百萬有畸，得金文二全藏以歸。一寶輪藏，黃卷赤軸，□□□□□□殿中安置壁藏。皆□梵冊，漆板金字以為嚴飾。庶幾清眾易於翻閱。」是照公所印兩藏的裝璜方式，一部是卷子式，一部是梵夾式。此板到元朝部份被毀，因有補刻之舉。《辨偽錄》卷四云：「大元啓祚，眷意法門，太祖則明詔首班弘護茲道，太宗則試經造寺補雕藏經。」耶律楚材《湛然文集》卷一四中有《補大藏經板疏》云：「十年天下滿兵埃，可惜金文半劫灰。欲剖微塵出經卷，隨緣須動世間財。」《佛祖歷代通載》卷二二亦引《弘教集》稱元世祖嘗因大都弘法寺舊藏經板校補印造頒行天下。是此藏經板確是移存入燕京弘法寺，元代曾經補刻，但是移存的經過難以詳考了。

宋平江府磧砂延聖院大藏經　平江府是今江蘇吳縣，磧砂在吳縣東南三十五里陳湖地方。此藏世簡稱磧砂藏或延聖寺藏，其藏經目錄卷上有宋理宗端平元年（一二三四）識語，文云：「干緣僧善成、可南、法燈、法如、法界、法超、志圓同募，本院藏主法忠化到，小比丘善源書，勸緣大檀越成忠郎趙安國，都勸緣住持釋法

大覺寺寺存遼咸雍四年（一零六八年）刊立的
陽台山清水院藏經記碑

音。」就經中題記考之，創刻時代約在寶慶紹定之間（一二二五—一二三八）。全藏自天字函至合字函凡五九一函，一五三二部，六三六二卷。板式全同湖州本。現存晉譯《華嚴經》卷一五有記云：「資德大夫河南江北等處行中書省左丞朱文清，同男顯祖等施財命工刊造大藏經板一千卷，舍入平江路磧砂延聖寺永遠流通功德，專為祝延聖躬萬安。大德五年（一三零一）九月日提調刊板僧法雷謹題。」又《大宗地玄文本論》卷四有管主八題記云：「近見平江路磧砂延聖寺大藏經板未完，遂於大德十年（一三零六）閏正月為始，施財募緣節續雕行，已及一千餘卷。」由此可知此藏雖創刻在南宋而完成實在元代，或者是經過兵災損失而元代補刻完足的。現在陝西西安存有此藏。

元杭州路餘杭縣大普寧寺大藏經　此藏世簡稱普寧藏或元藏。普寧寺為元代白雲宗的寺院。其雕板為普寧寺住持道安、如一、如志、如賢等募緣，以思溪、福州二藏校勘付刊。始元世祖至元十四年（一二七七），迄至元二十七年（一二九零）雕造竣工。全藏自天字至約字凡五五八函，一四三零部，六零零四卷。其中式字至遵字二八函秘密經部數未計在內。與思溪藏微有增減。板式每半頁六行，每行十七字。雕工甚精，板式較宋板略狹小。

元燕都弘法寺大藏經　舊傳有此藏。但金藏既曾移存弘法寺，且在元初補刻。昔時不知有金藏，所以只知有弘法藏，而不得其傳本。今既發現金藏，則昔時所稱元弘法藏應即是指金藏而言，未必另有其板。河北曲陽縣元太祖二十二年《覺辯大師（法）源公塔銘》中云：「都城弘法寺補修藏經板，以師為提領，三年雕全，師之力居多焉。」（見《曲陽縣誌》）但據至元二十四年撰《至元法寶勘同錄》而論，似已就弘法寺藏補訂增刊，別成一藏矣。

元銅板大藏經　據《補續高僧傳》卷一《法禎傳》稱：「英宗即位，將以大藏經治銅為板，而文多舛誤。詔選天下名僧六十員讎校，師與湛堂、西谷五人為總督。」又黃縉的《金華黃先生文集》卷四一所載《榮祿大夫司空大都廣壽禪寺住持長老佛心普慧大禪師北溪延公塔銘》也說：「英宗皇帝以禪師先朝舊德，每入見必賜坐，訪以道要。命於永福寺與諸尊宿校勘三藏，將鏤銅板以傳後。」但是現在既無資料可考，當時曾否實際鏤板，是否完成，均無從證明。

明洪武本大藏經　此即明南本大藏經的祖本，亦稱初刻南藏。明洪武五年（一三七二）敕令於金陵蔣山寺開始點校藏經，至洪武三十一年（一三九八）刻成。板存金陵天禧寺，不久即被焚毀。所以世間流傳極少。全藏約有一六零零餘部，七零零零餘卷，絕大部份是翻刻磧砂藏本。一九三四年在四川崇慶縣上古寺發現此藏，共存六七八函。板式每半頁六行，每行十七字。現移藏於成都人民圖書館。

明南本大藏經　此即世所稱南藏。明永樂中重刊洪武本，而略有更改。板存金陵報恩寺。創刻年代約在永樂十年至十五年（一四一二—一四一七），刊成在永樂十七年（一四一九）。據《大明三藏聖教南藏目錄》卷末所附請經條例中云：「此據報恩寺藏經板一副看得，原係聖祖頒賜以廣印行。」全藏自天字函至石字函凡六三六函，一六一零部，六三三一卷。板式每半頁六行，每行十七字。

明北本大藏經　世簡稱北藏。是明成祖永樂十九年（一四二一）為報皇考皇妣生育之恩所刻，英宗正統五年（一四四零）完成。《大明三藏聖教目錄》中有明英宗正統御製藏經序云：「我皇曾祖太宗體天弘道高明廣運聖武禪功純仁至孝文皇帝德全仁聖，道法乾坤……博採竺乾之秘典，海藏之真詮。浩浩乎，穰穰乎，繕書刊梓，用廣傳施，功垂就緒，龍御陟遐。洪慶所貽，傳序暨朕，恭嗣大寶，統理萬邦。追惟聖孝之隆，敢忘繼述之務。大藏諸經六百三十六函，通六千三百六十一卷，成畢刊印，式遂流佈。」卷數較南藏微增，編訂亦互有出入，實有一六二一部。板式每半頁五行，每行十五字或十七字。至神宗萬曆間，神宗母慈聖宣文明肅皇太后又續刻入藏諸集，自鉅字至史字凡四一函，四一零卷。萬曆十二年神宗欽賜《御製續入藏經序》總計本續凡六七七函及目錄一函，此即《明史．藝文志》所稱：「釋藏目錄四卷，佛經六百七十八函」是也。

明武林方冊大藏經　此藏今不傳，詳情無考。僅據嘉興藏《刻藏緣起》中所載道開《募刻大藏文》中有云：「太祖高皇帝既刻全藏於金陵，太宗文皇帝復鏤善梓於北京……後浙之武林仰承風德，更造方冊。歷歲既久，其刻遂湮。」又《杭州府志》餘杭縣化城寺紀云：「萬曆中僧法鎧主刻藏議，藏置化城，募金恢復。英方伯捐俸造藏板房二十餘間。」武林為今杭州，化城又稱恢復，此者是一是二，均難考定。

明嘉興楞嚴寺方冊本大藏經

世簡稱嘉興藏，又稱萬曆藏或徑山藏，是密藏、道開等發願，於萬曆末年於嘉禾（今浙江嘉興）楞嚴寺所創刻，刻板地址多分在杭之徑山。萬曆八年（一五八零）道開南遊，始發刻藏大願，十四年春於長安與居士十人商募緣事，自定北、南、舊三藏對校之則。初與幻予在五台山紫霞谷妙德庵開始，真可、德清及諸居士援助之。嗣於萬曆二十二年（一五九四）南遷杭之徑山寂照庵。繼而道開示寂，幻予代之。又二年，幻予亦示寂，後繼其事者交疊相代，至弘光元年（一六四四）刻成。《刻藏緣起》中萬曆十四年馮夢禎《刻大藏緣起》云：「宋元間除京板外，如平江之磧砂，吳興之某寺，越之某寺、某寺等俱有藏板，不啻七八副，法道之盛此其一端。迨國朝僅有兩京之板而諸方之板盡廢。北板稍精而藏於禁中，請印甚難。今江南諸剎所有皆景泰間敕賜物也。南板印造雖易而訛謬頗多，愈改愈甚，幾不成讀。然印造裝潢，其價亦百金以上。以故山陬海隅，窮鄉下邑，終年不見藏經者，可嘆也。時密藏開師、尚書五台陸公與夢禎等，商及此事，不覺慨然墮淚。因記磧砂藏板緣始於弘道尼斷臂募化。弘道化後，其徒復斷臂繼之。更三世其願始滿。吾儕丈夫不能深心荷擔大法，鏤板流通，反一女子之不若，即生清世，遇佛乘，空手入寶山，寧不愧死。遂合掌向佛，願盡命為期，了此一段公案。又念梵夾煩重，願易為方冊。可省簡帙十之七，而印造裝璜之費不過四十餘金。」全藏編次全依北藏，末附北藏缺而南藏所收者四部，總有二一零函，一六五四部，六九三零卷。板式每頁二十行，每行二十字，其目錄名曰《藏經板直畫一目錄》，於每經名下註明每部流通價值。後至清康熙五年又續集明清兩代大德撰述如經疏、宗典、語錄、史傳、雜集等書，印雕成續藏經九五函，二四八部，約三八零零卷。又續藏經四七函，二三九部，約一八八零卷。續藏第八四函《顓愚和尚語錄》卷七有《刻方冊藏經目錄序》，文中稱初發手於五台妙德庵，已刻就數百卷。顧冰雪積歲，恐侵及板，移於杭之徑山。自紫柏老人去後，四方刻資亦微。因就施者之力，任力刻之。於是四方有道力者隨討未刻目錄，同式就梓。自癸卯歲（萬曆三十一年）至壬午年（崇禎十五年）將四十年，梓未虛日，其事猶未竟。已刻者不及歸山，未刻者懈不速完。時有利根上座遍討徑山、嘉興、吳江、金壇諸處已刻成某某經律論、某某傳疏記，錄其名目卷帙板數一一查明。已刻者十之八九，未刻者十之一二。由此可知此藏原是散在各地所刻。

清大藏經　世簡稱龍藏。清世宗雍正十三年（一七三五）敕刻，至高宗乾隆三年（一七三八）十二月竣工。全藏總計一六六九部，自天字函至機字函凡七二四函。始自《大般若經》以迄西土賢聖撰集，全依明北藏編次，此土著述互有增減。板式每半頁五行，每行十七字。據《大清三藏聖教目錄》所載，當時主持其事是和碩莊親王允祿，和碩和親王弘晝，以及校閱官三人，監督九人，監造六十四人，總率四人，帶領分析語錄三人，帶領校閱藏經三人，分領校閱六人，校閱三十八人。

鉛印頻伽精舍大藏經　此藏是清宣統元年（一九零九）至民國二年（一九一三）春，上海外商哈同出資所印，依據日本弘教書院縮刷藏經，而稍省略纂集音義等書約十部。字體較弘教藏稍大而排植錯誤甚多，且略去其校勘註，可謂取捨失當。全藏四零函，四一四冊，凡一九一六部，總八四一六卷。

商務印書館影印續藏經　此是一九二二年用日本藏經書院續藏經影印。

影印宋磧砂本大藏經　此是據陝西西安開元臥龍兩寺所藏宋磧砂藏影印，凡五九三冊，一五三二部，六三六二卷。原藏有殘缺則取北京前松坡圖書館之宋思溪藏、番禺葉氏所藏宋景定陸道原本、南海康氏所藏元普寧藏、福州湧泉寺之元亦黑迷失本以及江蘇南通狼山之明南藏補足之。自一九三一年十月創始，至一九三六年二月完成，原藏有三種板：（1）自菜字至感字，又自約字至煩字，是延聖院所募刻，始於宋紹定四年（一二三一），迄元至治二年（一三二二）。（2）自天字至奈字，是元至順三年（一三三二）吳縣妙嚴寺據延聖院及他藏《般若經》本復刊。（3）自武字至遵字，是元松江僧錄管主八所刊，始於元大德十年（一三零六），迄翌年十二月。其中有缺本一一卷，因無補本，未曾補足。

乙、國外刻本

高麗本大藏經 世簡稱高麗藏，先後開雕板本有三：

（1）原刻高麗官板大藏經。其開雕年代傳說不一，一般認為高麗顯宗時所刻，《大覺國師文集》卷一五所載《諸宗教藏雕印疏文》有云：「顯宗雕五千軸之秘藏。」蔡忠順撰《玄化寺碑陰文》亦云，顯宗十一年（一零二零）頃，雕刻《大般若》《華嚴》《金光明》及《妙法蓮華》四部大乘經。又《東國李柏國文集》卷七有重雕板時的《大藏刻板君臣祈告文》稱，顯宗二年（一零一一），契丹兵來襲，為借佛力以攘斥之，開雕大藏經。嗣後經德宗、靖宗二代，以迄文宗末年方始完成，其板式即是復刻宋開寶藏。（2）高麗續藏經。高麗宣宗七年（一零九零），義天由宋請來諸宗章疏三千餘卷，旁求日本及契丹諸作，編纂成《新編諸宗教藏總錄》，住興王寺，從而刻板，刊行四千卷，是為高麗續藏經。其板與大藏經板同藏符仁寺。高宗十九年（一二三二）罹元兵燹，被燒毀。（3）高麗再雕板大藏經。高麗高宗二十三年（一二三六），李奎報等為祈折伏蒙古，重興雕板之業。總十五載，至高宗三十八年（一二五一）刻成，即是用原板復刻，是為高麗再雕板。特建板堂藏之。《高麗史》卷二四云：「壬子年城西門外大藏經板堂，率百官行香。顯宗時，板本為壬辰蒙兵所毀，王與群臣更願立都藍，十六年功畢。」其板本後藏禪源寺。朝鮮太祖七年（一三九八）五月遷支天寺，翌年正月再移海印，以迄至今。全藏六三九函，一五二四部，六五五八卷。

日本弘安本大藏經　此藏雕刻之詳情不明。據現存弘安本《傳法正宗記》有跋云：「日本國相州靈山寺續先師宴海未終願，勸進沙門寶積，沙彌寂惠等謹題。今上皇帝，大皇大后，皇太后祝延聖壽，關東大將軍家息延命，國泰民安，開鏤大藏經印板副納內。弘安十年（一二八七）丁亥九月日謹題。」又正安本《觀無量壽經跋》云：「在弘安年中行圓上人承敕願之旨，欲開一切經印板，而正安第二之歷，林鐘下旬之天，不終大功，遂歸空寂。今十年依第三回之忌，知真為謝彼恩德，三部之妙典，五部之要義，抽懇棘開印板，是偏所備破追責也。雖弘一部於穢界之內，期再會於淨剎之月而已。正安四年（一三零二）壬寅六月二十一日沙門知真。」此二跋所敘人名先後不同。疑在當時發願刻藏，未必遂完成其業。

日本天海本大藏經　世簡稱天海藏或寬永寺藏、東睿山藏。日本僧正天海受德川家光之請，於日本明正天皇寬永十四年（一六三七）至後光明天皇慶安元年（一六四八）在江戶寬永寺開雕，先後歷十二年始成。全是活字板，板式大體仍仿思溪藏。裝璜是梵夾式。全藏六六五函，一四五三部，六三二三卷。

日本黃檗山大藏經　世簡稱鐵眼藏或黃檗藏。是鐵眼道光禪師於日本宇治黃檗山自靈元天皇寬文九年（一六六九）至天和元年（一六八一）所刻。全藏凡一六一八部，七三三四卷。初在黃檗山創刻，隱元禪師請於寺內建築寶藏院，為貯經板之所，別於京都置印房，從事刻工。廣募有緣。時值饑饉，以所募財救濟貧民，重更新勸募。先後三次，方始達成。今板存萬福寺。此藏是復刻明萬曆嘉興方冊藏而有所增補。行式完全相同，因此錯誤脫落亦仍其舊。京都法然院忍微曾於寶永三年（一七零六）至七年（一七一零），歷時五載，用高麗藏三次復勘。又越前之順藝亦於文政九年（一八二八）至天保七年（一八三六），經時十一載，亦三次用高麗藏校勘之。

日本弘教書院大藏經　此簡稱縮刷藏經或弘教藏。是日本明治十三年（一八八零）至十八年（一八八五）用鉛字排印。以增上寺所藏高麗藏為底本，與宋、元、明藏校勘，標註其異同，加以句讀，並互補遺缺。全藏四零函，一九一六部，八五三四卷。校勘尚稱精審，可為研究之助。

日本藏經書院大藏經　此藏簡稱卍字藏，是日本明治三十五年（一九零二）至三十八年（一九零五）日本京都藏經院鉛印，凡有三六函，一六二二部，六九九二卷。原本是日僧忍微所校日本黃檗藏，加以訓點。鉛字較弘教藏為大。書成未久，藏經書院不戒於火，存書被毀，因此流傳不多。

日本藏經書院續藏經　又稱卍字續藏，共一五零函。是藏經書院於鉛印黃檗藏完成之後，為紀念日俄戰爭陣亡將士於日本明治三十八年（一九零五）至大正元年（一九一二）印行。內分一編、二編、二編乙共三編。總有十門：一、印度撰述有經、律、論、密經儀軌四部，二、支那撰述有大小乘釋經、大小乘釋律、大小乘釋論、諸宗著述、禮懺、史傳六部。收集約九百五十餘人之著作，為書一七五六部，七一四四卷，支那撰述中，多是南北朝以至隋唐以來各宗名著而漢地久佚之本。但印行未久，藏經書院不戒於火，存書悉成灰燼，因此流傳甚少。商務印書館曾用原本影印，再次流通。

日本大正新修大藏經　簡稱大正藏。是日本高楠順次郎與渡邊海旭同發起，成立大正新修大藏經刊行會主持其事，自日本大正十三年（一九二四）至昭和九年（一九三四）完成。初次出版五五函為印度與支那撰述，即是正藏全部及選收藏經書院續藏經中一部份要籍。後又續出四五函，其中日本著述三零函、圖像一二函、目錄三函。總成一零零函。前五五函中分為阿含、本緣、般若、法華、華嚴、寶積、涅槃、大集、經集、密教、律、釋經論、毗曇、中觀、瑜伽、論集、經疏、律疏、論疏、諸宗、史傳、事匯、外教、目錄等部。後三零函中分續經疏、續律疏、續論疏、續諸宗、悉曇、古逸、疑似等部。總有三四九三部，一三五二零卷。敦煌經卷古逸之本亦多收錄。圖像之中尤多名作。所惜者錯字錯句頗多，收續藏經中名著亦不完備，分類方法尚欠斟酌，此其缺點。

二、少數民族語文大藏經

元刻西夏文大藏經　宋仁宗景祐元年（一零三四）西夏國王元昊得宋本大藏經，設蕃漢二字院，造西夏文字，請回鶻僧翻譯全藏。當時有無刊本，不可知。而世傳刻本則是元成宗大德中所雕。現存磧砂藏《大宗地玄文本論》卷三後有題記，略云：「管主八誓報四恩，流傳正教，累年發心印施漢本大藏經五十餘藏……欽睹聖旨，於江南浙西道杭州路大萬壽寺，雕刊河西字大藏經板三千六百二十餘卷，華嚴諸經懺板，至大德六年（一三零二）完備。管主八欽此勝緣，即造三十餘藏及華嚴大經、梁皇寶懺、華嚴道場懺儀各百餘部，燄口施食儀軌千有餘部，施寧夏永昌等路寺院永遠流通。」所云河西字即西夏字。現今西夏文全藏已不可得，各地所發現之殘卷約可得經論數十種而已。

西藏文大藏經　西藏於唐初，即七世紀末，端美三菩提造西藏文字，譯出百拜懺悔經，是為翻經之始。至八世紀以後，吃㗚奴提贊王、乞㗚倈巴瞻王時代，大夏及印度等地僧侶，積那彌多、濕連怛羅菩提等學者，相次入藏，加以西藏翻譯官寶護等從事翻譯梵語經典，並且統一譯語，改訂舊譯，梵本所缺，則由漢文、于闐文中重譯補足。以後繼續譯業，前後印藏譯師凡三五零人，譯出佛教典籍四千四百餘部。八世紀末，穆地贊布王時，嘎瓦巴哉最初造作目錄，其後至十五世紀末又有察巴和布頓各編定目錄。全藏總分為兩部：一、丹珠爾，義為佛部，亦稱正藏，其中為經律及密經等。二、甘珠爾，義為祖部，亦稱續藏，其中為釋經論、中觀瑜伽諸論傳記及西藏重要撰述。其刻板元皇慶二年（一三一三）至延祐七年（一三二零）。卻丹熱尺之弟子，江阿嘎布由漢地獲得資財，與羅薩桑結綳、松南窩塞、江楚綳譯師搜集各地經律並秘經，校勘付刻，是稱為奈塘古板，其板及印本今均不傳。其後相次雕刻有：理塘板、德格板、奈塘板、卓尼板、巴那克板、塔爾寺板、昌都板、永樂板、萬曆板、北京板、拉薩板等。

1、理塘板　是釋迦堅贊等在江峪所刻，但有甘珠爾。一九零八年毀於兵燹。

2、巴那克板　在不丹首都巴那克，但有甘珠爾。今佚失。

3、塔爾寺板　在青海塔爾寺，但有甘珠爾。今佚失。

4、昌都板　在昌都寺，但有甘珠爾。今佚失。

5、永樂板　是明成祖永樂八年（一四一零）在漢地據奈塘古板復刻。

6、萬曆板　是明神宗萬曆三十三年（一六零五）重刻永樂板，此二板久已毀失，印本亦極少。

7、北京板　是清聖祖康熙二十二年（一六八三）在北京所刻。先依西藏霞盧寺之底本刻甘珠爾，至世宗雍正二年（一七二四）更刻丹珠爾。以是硃印，故世簡稱赤字板。板毀於清德宗光緒二十六年（一九零零）庚子之役。

8、卓尼板　存青海卓尼，是瑪色爾袞普王於康熙六十年（一七二一）至乾隆十八年（一七五三）在甘肅臨潭縣南卓尼大寺開雕，其中丹珠爾是複製德格板。二十世紀四十年代毀於火。

9、奈塘板　正續藏是一七三零年（清世宗雍正八年）和一七四二年（乾隆七年）第七世達賴所造，依古板為底本，據察巴、布頓等目錄增補而成。其板今存藏洲之奈塘寺。

10、德格板　正續藏是一七三零年（清雍正八年）和一七三七年（乾隆二年）西康之德格王所刻。其中甘珠爾依理塘板，丹珠爾依霞盧金殿藏本為底本，增補布頓目錄所載諸典。其板今存四川德格縣德格印經院。

11、拉薩板　是第十三世達賴所刻，刊於一九三三年。僅有甘珠爾。

12、庫倫板　是一九二零年在庫倫（今蒙古人民共和國首都烏蘭巴托）復刻德格板。

蒙文大藏經　蒙古文大藏經是十四世紀初（元成宗大德間）西藏薩迦派大德法光大師與西藏、蒙古、漢、回鶻諸僧自西藏文譯成，後在西藏雕板。至十七世紀時（明神宗萬曆間）又有所補譯。現存蒙文大藏經是清代所整理。據其漢文序中所說，甘珠爾是清康熙中譯，丹珠爾是乾隆六年（一七四一）到十四年（一七四九）所譯，亦即同時所刻。

滿文大藏經　滿文大藏經是清康熙中善慧法日大師自蒙文、藏文中譯出甘珠爾，其後漸次翻譯。至清高宗乾隆三十八年（一七七三）時雕板，於乾隆五十五年（一七九零）完成。

總計以上所述，漢文大藏經板中凡卷子本有二，梵夾本有十六，方冊本有二，鉛印本有五，影印本有二，都有二七種，而少數民族語文大藏不在其數，每部藏經的刻板都在十萬以上。當時雕刻所費的功力實在是浩大的。現在除《龍藏》板尚存，餘皆消失，而遺留下來的印造經本，完全無缺的也不多見了。

在宋元時代，由於大藏經部帙浩繁，刊刻不易，各地又有刊刻或印造四大部小藏之舉，就是以《大般若經》六零零卷，《大寶積經》一二零卷，《華嚴經》八一卷（唐譯八零卷附《普賢行願品》一卷），《大般涅槃經》四零卷，總八四一卷為一小藏。《佛祖統紀》卷四七說，紹興二十三年馮檝以俸資造大藏經四十八所，小藏四大部者亦如其數。註云：「世以《華嚴》、《涅槃》、《寶積》、《珠林》為四大部。」《珠林》是當時用來代替《般若》大部的。遼代房山石經有《四大部成就記》，即指《華嚴》《涅槃》《寶積》《般若》。

元福建建陽縣後山報恩萬壽堂毗盧藏，也是指此四大部而論。後山報恩萬壽堂是元代白蓮教的根據地。據現存《華嚴經》卷二八題記，此藏是延祐二年（一三一五）報恩萬壽寺嗣教陳覺琳募眾雕刻，而推吳國公亦黑迷失為都大勸緣。題記中自稱為毗盧大藏。但據現在福州鼓山湧泉寺存有毗盧藏《大般若經》《大寶積經》《大般涅槃經》，山西太原崇善寺有毗盧藏《華嚴經》殘卷，此外更無他經發現。似當時只刻四大部而止。

元湖州吳興妙嚴寺，據牟獻《湖州妙嚴寺記》（趙孟頫書），為宋嘉熙間（一二三七—一二四零）是庵住上人所創，曾刊《華嚴》《法華》《宗鏡》諸大部。寶祐五年（一二五七）是庵卒，古山道安繼之。元至元間道安兩至闕廷，凡申請皆為法門及刊大藏經板，悉滿所願。此中所稱大藏經板雖不知指何板，但可知元代刊藏是與道安的申請有關的。現存妙嚴寺本《華嚴經》末有至順三年（一三三二）妙嚴寺經坊題記云：「曩因《華嚴》板行於世，繼刊《涅槃》、《寶積》、《般若》等經。」一是道安繼是庵之後，刻成了四大部，而且是據大都的弘法藏，南山的普寧藏，福州的東禪藏，吳興的思溪藏，平江的磧砂藏重複校勘而刊行的。

漫談變文的起源

中國的小說起源於唐時佛教俗講的變文，這是現代研究民間文學者所公認的。但是變文之興並非偶然，必定還有其根源。為了研究變文的興起，第一須明白佛經的體例，第二須推求六朝時期佛教通俗化的方式。佛經的體例有十二種，就是所謂「十二部經」。十二部經中從文體來分的有三類：（1）長行，又叫作契經，即是經中直說義理的散文；（2）重頌，又叫作應頌，即是重複敘述長行散文所說的詩歌；（3）伽陀，又叫作偈頌，即不依長行而孤起直敘事義的詩歌。從內容來分的有九類：（1）因緣，即是敘述當時事實的文字；（2）本事，即是敘述他人過去生中事實的文字；（3）本生，即是佛陀自說過去生中事實的文字；（4）未曾有，即是敘述種種奇特事實的文字；（5）譬喻，即是用淺近的譬喻闡明深奧哲理的文字；（6）論議，即是往返問答法理的文字；（7）自說，即是佛無問而自說法理的文字；（8）方廣，即是敘述廣大真理的文字；（9）授記，即是敘述他人未來世中成佛事實的文字。從文體上來說，佛經為了反覆說明真理，多半是長行與重頌兼用的。這些重頌與偈頌是可以歌唱的。但是歌唱的音韻與印度一般歌曲的音韻不同，而是須要用梵音的。《毘尼母經》中說：「有一比丘去佛不遠立，高聲作歌音誦經。佛聞，不聽用此音誦經。有五過患同外道歌音說法：（1）不名自持，（2）不稱聽眾，（3）諸天不悅，（4）語不正難解，（5）語不巧故義亦難解，是名五種過患。」梵音的聲調，據《長阿含經》中說：「其有音聲五種清淨，乃名梵聲。何等為五？一者其音正直，二者其音和雅，三者其音清徹，四者其音深滿，五者周遍遠聞。具此五者乃名梵音。」梁慧皎《高僧傳》卷一五云：「昔諸天贊唄，皆以韻入弦管，五眾既與俗違，故宜以聲曲為妙。」這都是關於佛教誦經是有聲調而又與一般歌曲不同的明證。

《高僧傳》

佛經的重頌與偈頌既然是能

歌唱的，但是譯成漢文以後，因為限於字義，便不可能歌唱了。《高僧傳》卷一五中說：「梵音重複，漢語單奇。若用梵音以詠漢語，則聲繁而偈迫；若用漢曲以詠梵文，則韻短而辭長。是故金言有譯，梵響無授。」這不能不算是一大缺點。所以在佛教傳來不久之後，便有人創造了「梵唄」，用印度的聲律製成曲調來歌唱漢文的偈頌。《高僧傳》卷一五中說：「天竺方俗，凡是歌詠法言皆稱為唄。至於此土，詠經則稱為轉讀，歌贊則號為梵唄。」轉讀與梵唄同是有聲調的，但是轉讀不入曲，而梵唄入曲。最初創造的梵唄，是魏陳思王曹植在東阿魚山刪治《瑞應本起經》所製成的魚山唄。《高僧傳》說其唄「傳聲則三千有餘，在契則四十有二」。一契便是一個曲調，四十二契是四十二個調子聯奏。同時在吳國有支謙，依《無量壽經》《中本起經》製成菩薩連句梵唄三契，康僧會傳泥洹唄聲，清靡哀亮，為一代模式。東晉建業建初寺支曇籥製六言梵唄。梁時有西涼州唄，源出關右而流行於晉陽。據《高僧傳》卷一五說：「凡此諸曲並製出名師。」但是又說：「後人繼作多所訛漏。或時沙彌小兒互相傳校，疇昔成規殆無遺一。」從以上所引《高僧傳》的記載，我們可以看出在六朝時，佛教通俗之法有詠經與歌贊二種方式。做這種工作的稱為「經師」。此外還有「唱導」一種。梁慧皎作《高僧傳》時，原只擬有八科，後來又增加經師與唱導兩科。在卷十三《唱導篇論》中說：「經導二伎雖云為末，而悟俗可崇。」一在《經師篇》中記載各傳，如晉中山帛法橋「少樂轉讀」，「作三契經，聲徹里許，遠近驚嗟，悉來觀聽。爾後誦經數十萬言，晝夜諷詠」。又有建初寺支曇籥「特稟妙聲，善於轉讀」。「裁製新聲，梵響清靡，四飛卻轉，反折還弄」。他的弟子法平、法等「共傳師業，響韻清雅，運轉無方」。東安嚴公講經時，法等作三契經竟。嚴公說：「如此讀經，亦不減發講。遂散席。」第二日才另開題。由此可見當時講經之前是先要唱詠的。所謂三契經就是歌詠三段經文。此外善梵唄的，宋時有僧饒，善三《本起》及《須大拏》，「每清梵一舉，輒道俗傾心」。有道慧「偏好轉讀，發響含奇，制無定準，條章析句，綺麗分明……轉讀之名大盛京邑」。有智宗則「升座一轉，梵響干雲」。齊時有曇遷「巧於轉讀，有無窮聲韻」。曇智也「雅好轉讀，雖依擬前宗而獨拔新異，高調清徹」。僧辯傳古「維摩一契，瑞應七言偈一契，最是命家之作」。辯的弟子慧忍製瑞應四十二契。忍有弟子四十餘人。曇憑「誦三《本起經》，尤善其聲」。傳中還批評那些聲調不好的說：宋時有慧寶、道證「豐聲而高調，製用無取焉」。傳末又附列齊代經師八人，每人各有兩句評語。足見六朝在通俗方面是很考究韻調的。

經師以諷詠佛經為主，唱導是以歌唱事緣為主，二者之不同，是由於歌詠的內容有異。《高僧傳》卷一五《唱導篇論》中說「佛法初傳，於時齊集，止宣唱佛名，依文致禮。至中宵疲極，事資啓悟，乃別請宿德升座說法，或雜敍因緣，或傍引譬喻。」又說：「談無常則令心形戰慄，語地獄則使怖淚交零，徵昔因則如見往業，覆當果則已示來報，談怡樂則情抱暢悅，敍哀戚則灑淚含酸。」由此可以推測唱導的內容是很廣泛的，可以是佛經中的故事，也可以是中土相傳的故事。論中又批評當時唱導的弊病說：「綜習未廣，諳究不長，既無臨時捷辯，必應遵用舊本。然才非己出，製自他成，吐納宮商，動見紕繆。」既云「遵用舊本」，可見到了齊梁之世唱導已有專文。又云：「吐納宮商」，可見唱導也是有聲調的。傳中所敍宋齊唱導名師，如宋世道照「以宣唱為業，音吐嘹亮」。曇穎「誦經十餘萬言，……屬意宣唱，天然獨絕。凡要請者，皆貴賤均赴，貧富一揆」。慧璩「尤善唱導，出語成章，動辭製作，臨時採博，罄無不妙」。曇宗「唱說之功獨步當世」。齊世道儒唱導時，「言無預撰，發響成製」。慧重「專當唱說……言不經營，應時若瀉」。

到了梁陳之世，經師與唱導便合流成為一致了。唐道宣撰《續高僧傳》便合為雜科聲德一篇，是其明證。傳中所記，陳世有慧明吐言驚世，聞皆諷之。《續高僧傳》

卷八北齊真玉傳稱其「及年七歲，教彈琵琶，以為窮乏之計。而天情俊悟，聆察若經，不盈旬日便洞音曲。後鄉邑大集，盛興齋講，母攜玉赴會，一聞欣領曰：若恆預聽終作法師，不憂匱餒矣」。由此可見在北國唱導也盛行，而且唱導法師是很受歡迎、多有供養的。又《續高僧傳》卷九亡名傳云：「弟子僧琨，性沉審，善音調，為隋二十五眾讀經法主。」這也證明到隋時轉經與唱導的風氣更普遍。隋世有法稱「誦諸經聲，清響動眾」，「又善披導」。隋文帝因此敕正殿常置經座，日別差讀經，聲聲不絕。智雲亦善經唄，「每執經對御，響震如雷」。法韻「偏工席上，誦諸碑誌及古導文百有餘卷，並王僧孺等諸賢所撰。至於導達善能引用，又通經論七百餘契。每有宿齋，經導兩務並委於韻」。又有立身與善權二人，煬帝時，獻后崩，下令宮內行道，善權與立身「分番禮導。既絕文墨，唯存心計。四十九夜總委二僧，將三百度言無再述。身則聲調陵人，權則機神駭眾。或三言為句，便盡一時，七五為章，其例亦爾」。法琰「取《瑞應》依聲盡卷，舉擲牽迸，囀態驚馳」。慧常「以梵唄之功住日嚴寺，尤能卻囀，弄響飛揚，長引滔滔，清流不竭」。道英、神爽亦以聲梵馳名。道英「喉嗓偉壯，詞氣雄遠」；神爽「唱梵彌工長引」。從這些傳記內，也可略知當時經導兩方面的情況。在道宣《續高僧傳》卷三十聲德論中還批判當時經師的流弊說：「經師為德，本實以聲糅文，將使聽者神開，因聲以從回向。頃世皆捐其旨，鄭衛珍流，以哀婉為入神，用騰擲為清舉，致使淫音婉變，嬌弄頗繁。」批評唱導的流弊說：「學構疏蕪，時陳鄙俚。褒獎帝德乃類阿衡，讚美寒微翻同旒冕。如陳滿月，則曰聖子歸門，迷略璋弧，豈聞床几。若敍閨室則誦窈窕縱容，能令子女奔逃尊卑動色，僧倫為其掩耳，士俗莫不寒心。」由此也可見當時的唱導，除了幾位名家之外，一般的內容是很粗俚的。這又何怪發展到唐時俗講如文漵之流了。宋贊寧撰《宋高僧傳》卷二十九有《法真傳》，稱真於穆宗長慶間講導之餘，吟詠性情，並讚其「德望實唱導之元」。又卷三十有後唐《無跡傳》，稱其「言行相高，復能唱導」。宋僧傳所記僅此，也可以推出由於俗講興而唱導衰廢了。在卷二十九《慧凝傳》中並且說凝於冥府見元魏時曇謨最，因唯好講導不能禪誦，而受冥罰的故事。可見此時俗講式的唱導，已經受到了鄙視了。

在六朝的時候，佛教通俗既用轉讀與唱導兩種方式，當時轉讀是用原經文的，因為經典大都是六朝的翻譯，譯文與當時口語沒有多大距離。諷詠原文，一般士俗還可能了解。到了中唐以後，民間的口語有了轉變，諷詠原文是不能使人聽懂的。於是不得不將經文譯成唐代的俗語，這就成為變文了。佛經的體裁既然是長行與重頌兼用，自然在變文中也是散文與韻文兼用，而說唱同時了。在現在所發現的變文之中有的是演繹佛經的，有的是敍述中國歷史中故事的。但既同是在敦煌經卷中所發現，二者必然都是僧侶所習用。就上文看來，可以假定，那演繹佛經的變文是經師用的，那敍述史事的變文是唱導用的。經導二者既然在隋唐已經合流，當然二者是同時而不可缺一的了。

漫談羅漢

一、十六羅漢

十六羅漢是釋迦牟尼佛的弟子。據經典說，他們受了佛的囑咐，不入涅槃，常住世間，受世人的供養而為眾生作福田。古代譯品中如北涼道泰譯的《入大乘論》說：「尊者賓頭盧、尊者羅睺羅，如是等十六人諸大聲聞散在諸渚……守護佛法。」但是未列舉出十六羅漢一一的名字。此外，西晉竺法護譯（一云失譯）《彌勒下生經》云：「所謂大迦葉比丘、軍屠鉢嘆比丘、賓頭盧比丘、羅雲比丘，汝等四大聲聞要不般涅槃，須吾法沒盡，然後乃當般涅槃。」東晉失譯《舍利弗問經》也說：「我去世後摩訶迦葉、賓頭盧、君徒般嘆、羅睺羅四大比丘住不泥洹，流通我法。」隋智顗《法華經文句》卷二即根據此說云：「佛敕四大羅漢不得滅度，待我法滅盡。由是住持於今，未得入無餘涅槃。」而唐湛然《法華文句記》解釋此文卻云：「準《寶雲經》第七，佛記十六羅漢令持佛法，至後佛出方得入滅。彼經一一皆列住處、人名、眾數等。故諸聖者皆於佛前各各誓言：我等以神力故弘護是經，不般涅槃。賓頭盧、羅雲在十六數，卻不云迦葉。」今勘現本《寶雲經》有兩譯，一是梁代曼羅陀仙譯，一是梁代曼陀羅仙共僧伽婆羅譯，都無此文。只是僧伽婆羅譯本卷七末沒有一般經典慣例的「信受奉行」的文句，或者現本的經文有所缺失，這就難以考定了。現在所有的十六羅漢的典據是依唐玄奘譯《大阿羅漢難提密多羅所說法住記》。難提密多羅，此云慶友，是佛滅後八百年時師子國（即今斯里蘭卡）人。

《法住記》中說：第一尊者賓度羅跋惰闍（Pindolabharadvaja），與自眷屬千阿羅漢多分住在西瞿陀尼洲；第二尊者迦諾迦伐蹉（Kanakavatsa），與自眷屬五百阿羅漢多分住在北方迦濕彌羅國；第三尊者迦諾迦跋釐惰闍（Kanaka-bharadvaja），與自眷屬六百阿羅漢多分住在東勝身洲；第四尊者蘇頻陀（Suvinda），與自眷屬七百阿羅漢多分住在北俱盧洲；第五尊者諾距羅（Nakula），與自眷屬八百阿羅漢多分住在南贍部洲；第六尊者跋陀羅（Bhadra），與自眷屬九百阿羅漢多分住在耽沒羅洲；第七尊者迦理迦（Karika），與自眷屬千阿羅漢多分住在僧伽荼洲；第八尊者伐闍羅弗多羅（Vajaputra），與自眷屬千一百阿羅漢多分住在鉢剌拏洲；第九尊者戍博迦（Svaka），與自眷屬九百阿羅漢多分住在香醉山中；第十尊者半托迦（Panthaka），與自眷屬千三百阿羅漢多分住在三十三天；第十一尊者羅怙羅（Rahula），與自眷屬千一百阿羅漢多分住在畢利剛颶瞿洲；第十二尊者那伽犀那（Nagsaena），與自眷屬千二百阿羅漢多分住在廣半度波山；第十三尊者因揭陀（Ingata），與自眷屬千三百阿羅漢多分住在廣脅山中；第十四尊者伐那婆斯（Vanavasin），與自眷屬千四百阿羅漢多分住在可住山中；第十五尊者阿氏多（Ajita），與自眷屬千五百阿羅漢多分住在鷲峰山中；第十六尊者注荼半托迦（Cuda-panthaka），與自眷屬千六百阿羅漢多分住在持軸山中。

自《法住記》譯出以後，十六羅漢受到佛教徒的普遍尊敬讚頌。現存敦煌唐人寫經中還存有《第八尊者伐闍羅弗多羅》《第十尊者羅護羅頌》二首，每首七言八句（見《敦煌雜綴》下）。此外還有《十六大阿羅漢因果識見頌》一書，題云「天竺沙門闍那多迦譯」而不記時代。前有宋范仲淹序云：「慶曆中宣撫河東，宿保德冰谷傳舍，於堂檐罅間得之，因於府州承天寺命僧別錄藏之。於戊子歲（一零四八）有江陵僧慧哲又出其藏本，稱得之於武陵僧普煥，寶之三十餘年云云。」書中記十六阿羅漢各各為摩拏羅多說自所證「因果識見」，各有七頌，總有一百十二頌。唯文義淺薄，其為宋代漢地民間偽造無疑，就此亦足見當時民間對十六羅漢崇奉之廣。在《秘殿珠林》還載有唐人畫十六應真圖，卷後附宋姜夔跋，完全引用了此頌，可見這《因果識見頌》在宋時是相當流行的。

關於十六羅漢的圖像方面，《宣和畫譜》卷二載梁張僧繇有十六羅漢像一幅。他是否根據北涼道泰譯的《入大乘論》，或者如湛然所說《寶雲經》的記載而畫，難以考定，但是我們知道當時佛教界對十六羅漢的崇奉並不普遍。唐玄奘譯出《法住記》以後，到乾元中盧楞伽特愛好作十六羅漢像，《宣和畫譜》卷二記載他有這類作品多種，又同書卷十中記王維也有十六羅漢圖四十八幅。到了五代時這類繪畫就更多起來，如南唐的陶守立（見《式古堂書畫考》二）、王齊翰（見《宣和畫譜》四、《清河書畫舫》五、《秘殿珠林》九），前蜀的李升（見《宣和畫譜》三）、張玄（見《宣和畫譜》三、《清河書畫舫》五），吳越的王道求（見《式古堂書畫考》二），都有此類作品，而以前蜀貫休為最知名（見《清河書畫舫》五、《妮古錄》《式古堂書畫考》十）；宋代孫知微（見《清河書畫舫》六）、李公麟（見《珊瑚網》一三、《弇州四部稿》一三七、《式古堂書畫考》二、《秘殿珠林》九、十、《書畫鑒影》二、《寶繪錄》十、《平津館鑒藏書畫記》《江村書畫目》、《好古堂家藏書畫記》上、《三秋閣書畫錄》二）、顏博文（見《式古堂書畫考》二）、李時擇（見《式古堂書畫考》二）、梁楷（見《書畫鑒影》三）、孫必達（見《秘殿珠林》九）。僧中如梵隆（見《珊瑚網》二三、《弇州四部稿》一三七、《式古堂書畫考》二、《大觀錄》一四、《江村銷夏錄》一、《春霞閣題畫絕句》）、月蓬（見《式古堂書畫考》二）、海侖（見《秘殿珠林》九、十）；元代趙孟頫（見《秘殿珠林補編》十）、錢選（見《盛京故宮書畫錄》三）；明代吳偉（見《秘殿珠林》二集）、仇英（見《過雲樓書畫記》四、《江村銷夏錄》一、《盛京故宮書畫錄》三）、吳彬（見《石渠寶笈》三）、丁雲鵬（見《石渠寶笈》二、三）等，都有名作見於歷代的著錄。

關於十六羅漢的雕刻方面，最早的有杭州煙霞洞吳越國吳延爽造十六羅漢，計右壁內部二尊、前部四尊、左壁十尊。此十六尊的雕刻技巧同一手法。阮元《兩浙金石志》曾載有煙霞洞吳延爽造像功德記。吳延爽是吳越王錢元瑾妻吳夫人的兄弟。宋代曾在此洞補刻僧像一、布袋和尚像一，作法淺陋，遠不及前十六尊。可見《咸淳臨安志》所記：「原有石刻羅漢六尊，吳越王感夢而補刻十二尊，成為十八」之說，全出於附會。

從以上所述繪畫和雕刻兩方面來看，十六羅漢的尊崇是從五代時發展起來的，特別是在江南一帶地區，並且由十六羅漢而演變成十八羅漢。

二、十八羅漢

由十六羅漢演變成為十八羅漢，主要是從繪畫方面造成的。現在所知的最早的十八羅漢像，是前蜀簡州金水張玄畫的十八阿羅漢，宋蘇軾得之於儋耳，題了十八首贊（見《東坡七集》後集二零），但未標出羅漢名稱。其次是貫休畫的十八阿羅漢，蘇軾自海南歸，過清遠峽寶林寺見之，為之作贊十八首，每首標出羅漢名稱，於十六羅漢外第十七為慶友尊者，即《法住記》的作者，第十八為賓頭盧尊者，即十六羅漢中賓度羅跋羅惰的重出（見《東坡七集》續集十）。清《秘殿珠林》也有貫休十八羅漢圖卷，後有宋蘇過、元趙孟頫、明宗徹三跋，也不題羅漢名字。宋紹興四年（一一三四）江陰軍乾明院五百羅漢碑於五百羅漢尊號前列十八羅漢尊號，也是第十七慶友尊者，第十八賓頭盧尊者。

宋咸淳五年（一二六九）志磐撰《佛祖統紀》關於供羅漢（卷三十三）辟前說，

認為慶友是造《法住記》的人，不應在住世之列，賓頭盧為重複；應當是迦葉尊者和軍屠鉢嘆尊者，即是《彌勒下生經》所說四大聲聞中不在十六羅漢之內的二尊者。

若從煙霞洞宋人補刻一僧一布袋和尚來考察，布袋和尚就是五代時明州奉化縣釋契此，後人相傳為彌勒菩薩化身，則另一僧像也應是漢地神僧。據《天台山全志》卷十載宋淳化中（九九零—九九四）天台山廣嚴寺道榮習禪定，靈異頗多，人以羅漢目之。既入滅，人有見於壽昌（寺）五百應真位者。煙霞洞的僧像或者就是此人。

西藏所傳的十八羅漢，是於十六羅漢之外加上法增居士和布袋和尚，這些傳說也都是從漢地傳去的。當西藏朗達瑪王（唐武宗會昌元年，八四一）破壞佛教時，西藏六位大師來到西康，見到當地各寺普遍繪塑十六尊者像，特別是盧梅、種穹大師摹繪了聖像，迎到藏中耶爾巴地方，這就是著名的耶爾巴尊者像。後來陸續傳入漢地各樣傳說而增加了二像。據說達磨多羅（法增）居士是甘肅賀蘭山人（今阿拉善旗），因奉事十六尊者而得到感應，每日都見有無量光佛出現於雲中（見第五世達賴著《供養十六羅漢儀軌》）。他的畫像常是背負經篋，身傍伏有臥虎。但是至今在供養儀軌中還只是十六尊者。

《秘殿珠林續編》第四冊有清莊豫德摹貫休補盧楞伽十八應真冊，後有清高宗題頌，頌中說：第十七降龍羅漢是嘎沙鴉巴尊者（即迦葉尊者），第十八伏虎羅漢是納答密答喇尊者（即彌勒尊者），由章嘉呼圖克圖考定。但降龍伏虎是後世傳說。蘇軾《應夢羅漢記》說，元豐四年岐亭廟中有一阿羅漢像，左龍右虎。可見北宋時降龍伏虎像不一定是分成兩個羅漢的。

綜合以上各說先後發展來看，十八羅漢傳說的興起，並沒有甚麼經典的根據，只是由於畫家們在十六羅漢之外加繪了兩人而成為習慣，於是引起後人的種種推測和考定。最初的傳說十八羅漢中第十七既是《法住記》作者慶友尊者，第十八便應是《法住記》譯者玄奘法師。但是後人以未能推定為玄奘而推定為賓頭盧，以至重複，結果造成眾說不一，難以考定。由此，十八羅漢的傳說因而普遍，自元朝以後各寺院的大殿中多雕塑十八羅漢像，十六羅漢的傳說則不甚通行了。

歷代畫家繪的十八羅漢畫像見於著錄的，有後唐的左禮（見明都穆《鐵網珊瑚》十三）、前蜀的貫休（見《秘殿珠林》九）、宋代的李公麟（見《秘殿珠林》三、《盛京故宮書畫錄》二、《古物陳列所書畫目錄》五）、瞿汝文（見《式古堂書畫考》二）、賈師古（見《岳雪書畫錄》二）；僧海侖（見《秘殿珠林》）；元代的趙孟頫（見《秘殿珠林續篇》）、錢選（見《古物陳列所書畫目錄》五）、張渥（見《盛京故宮書畫錄》三）、方方壺（見《古芬閣書畫記》）；明代的仇英（見《秘殿珠林》二十）、吳彬（見《石渠寶笈》三）、丁雲鵬（見《夢園書畫錄》《秘殿珠林》十二、《盛京故宮書畫錄》三、《古物陳列所書畫目錄》五）、錢貢（都穆《十百齋書畫錄》二十二）、李麟（見《秘殿珠林二集》）、陳范（見《秘殿珠林》八）。

三、五百羅漢

由於十六羅漢住世護法的傳說，引起漢地佛教徒對於羅漢的深厚崇敬，於是又有五百羅漢的傳說。

五百羅漢的傳說在佛經中是常見的，例如西晉竺法護譯有《佛五百弟子自說本起經》。佛滅度後迦葉尊者與五百阿羅漢最初結集三藏。《舍利弗問經》中說，弗沙秘多羅王毀滅佛法後，有五百羅漢重興聖教。諸如此類說法甚多。在中國漢地自東晉竺曇猷居住天台山時，古老相傳云天台懸崖上有佳精舍是得道者所居。有石橋跨澗而橫石斷人。猷沽齋累日，度橋見精舍神僧，因共燒香中食。神僧謂猷曰：卻後十年自當來此。於是而反（見《高僧傳》十二）。後世遂有石橋寺五百

羅漢堂

應真之說。《天台山志》引五百應真居方廣寺感應異記云：「永嘉長史全億，畫半千羅漢形像。」到五代時，五百羅漢的尊崇特別興盛。吳越王錢氏造五百銅羅漢於天台山方廣寺。顯德元年（九五四），道潛禪師得吳越錢忠懿王的允許，遷雷峰塔下的十六大士像於淨慈寺，創建五百羅漢堂。宋太宗雍熙二年（九八五）造羅漢像五百十六身（十六羅漢與五百羅漢），奉安於天台山壽昌寺。宋仁宗供施石橋五百應真的敕書載《天台山志》。各地寺院也多建五百羅漢堂。宋蘇軾集中有元符三年（一一零零）為祖堂和尚作的《廣東東莞縣資福寺五百羅漢閣記》（見《東坡七集》後集二零）。

各地名山也有羅漢洞或竹林聖僧寺的傳說。如河南嵩山就有五百羅漢洞。據宋崇寧元年（一一零二）釋有挺撰《中嶽寺五百大阿羅漢洞記》（又名修聖竹林寺碑，見於《八瓊室金石補正》一零八）中稱：唐初蜀僧法藏始感得靈異，知山中竹林寺是聖僧所居。宋代院主崇敬，因選定此洞，造五百羅漢像。現存的五百羅漢堂有北京碧雲寺、成都寶光寺、蘇州西園寺、漢陽歸元寺、昆明笻竹寺等處。

歷代畫家繪畫五百羅漢圖像，見於著錄的有梁代的朱繇，見於宋中興館閣儲藏。稍後有北宋的李公麟（見《清河書畫舫》八、《法書名畫見聞表》《式古堂書畫考》三），南宋的劉松亭（見《秘殿珠林》十）、吳彬（見《石渠寶笈》三）。

至於天台山石橋寺五百羅漢的名號，據《寶刻叢編》十五載大和癸巳（九三三）大德崇義所撰的吳（宣州）龍興寺崇福院五百羅漢碑註云：出《復齋碑錄》。又《金石續編》十七有紹興四年（一一三四）刻的江陰軍乾明院羅漢尊號碑。這兩碑現都不存。但是乾明院碑在明崇禎十六年，高承埏曾刻於涇縣署中，其子高佑釲又重刻，被收入嘉興藏第四十三函中。書中所舉五百羅漢的名號毫無典據，想是宋人附會之談而已。

漫談漢族僧服

佛法傳入中國近兩千年，但是在漢族、藏族、傣族等民族間存在着不同的佛教系統，傳流時間也有先後。因此各族的僧侶服裝各不相同。特別是在漢族中由於地區太廣，南與熱帶接壤，北與寒帶相鄰，而且流傳時間也最久，以致漢族僧侶的服裝在各時代中變遷很大，在形色上也最複雜，與印度原始的僧侶服制差別很大。

佛教僧侶的衣服，根據佛的制度，限於三衣或五衣。三衣是安陀會、郁多羅和僧伽黎。安陀會是五條布縫成的衷衣，郁多羅是七條布縫成的上衣，僧伽黎是九條乃至二十五條布縫成的大衣。五衣是於三衣之外加上僧祇支和涅槃僧。僧祇支是覆肩衣，作為三衣的內襯。涅槃僧是裙子。《大唐西域記》卷二云：「沙門法服唯有三衣及僧卻崎、泥縛些那。三衣裁製部執不同，或緣有寬狹，或葉有大小。僧卻崎覆左肩，掩兩腋，左開右合，長裁過腰。泥縛些那既無帶袢，其將服也集衣為襵，束帶以絛。則諸部各異，色亦黃赤不同。」這些衣的主要規定，特別是三衣，有兩點：第一，顏色不許用上色或純色；第二，所有新衣必須有一處點上另一種顏色，以破壞衣色的整齊而免除貪着，這叫作「壞色」或「點淨」。關於顏色的規定，在《毘尼母經》卷八中說：「諸比丘衣色脫，佛聽用十種色。十種色者：(1)泥，(2)陀婆樹皮，(3)婆陀樹皮，(4)非草，(5)乾陀，(6)胡桃根，(7)阿摩勒葉，(8)佉陀樹皮，(9)施設婆樹皮，(10)種種雜和用染。如是等所應染者此十種色。是衣三點作淨法，一用泥，二用青，三用不均色。用此三種三點淨衣。」又《薩婆多毘尼毘婆沙》卷八中說，衣不得用黃赤青黑白五大色。又有純色。如黃藍、郁金、落沙、青黛及一切青者不得着用。紺黑青作衣也不許用。只可用皂、木蘭作衣。非純青、淺青及碧，許作衣裏。赤黃白色不純大的，也許作衣裏用。紫草、棕皮、蘗皮、地黃、紅緋、黃櫨木都是不如法色。《十誦律》卷十五中說，比丘得新衣，如青衣、泥衣、茜衣、黃衣、赤衣、白衣者，應以青、泥、茜三種色隨一壞是衣色。《五分律》卷二十中說：「不聽着純青黃赤白色衣。」並且說黑色衣是產母所着，犯者波逸提。其餘四色犯者突吉羅。又《摩訶僧祇律》卷二十八中說：「比丘不聽着上色衣，上色者，丘佉染、迦彌遮染、俱毗羅染、勒叉染、盧陀羅染、真緋、郁金染、紅藍染、青染、皂色、華色、一切上色不聽。應用根染、葉染、華染、樹皮染、下至巨磨汁染。」

雖然在律中禁止用上色、純色的衣服，而染衣也有多種不同的顏色可用，但是在習慣上是用赤色。例如釋迦如來的衣色，在《三國志·魏書》卷三十裴松註中引《西戎傳》說：「浮屠，太子也。父曰屑頭邪，母云莫邪，浮屠身服色黃。」但這是漢地人的記載，不必確實。《大唐西域記》卷二中說：「那揭羅曷國有釋迦如來的僧伽胝袈裟，是細氎所作，色黃赤。」又《根本說一切有部毗奈耶雜事》卷二九中說：佛的姨母大世主與五百釋女，在劫比羅城多根樹園，聽佛說法，三請出家而佛不許。佛從劫比羅城去往販葦聚落的時候，大世主與五百釋女便自剃頭髮，着赤色僧伽胝衣，追隨佛後，一直到相思林中因阿難的懇求，才得到佛的許允而出家。又《大唐西域記》卷一中說：梵衍那國有阿難弟子商諾迦縛娑的九條僧伽胝衣是絳赤色。又《善見律毘婆沙》卷二中說，阿育王時大德末闡提到罽賓犍陀羅吒國教化，在雪山邊阿羅婆樓池水上行，身着赤衣。由這一些事實來看，在這一二百年中僧衣習慣是用赤色的。而且三衣總稱為袈裟，袈裟是赤色的名稱。用赤色的名稱作為衣服的總號，這就說明在習慣上三衣總是赤色的。如《四分律》卷三十九衣犍度初云：「如是十種衣應染作袈裟色持。」《一切經音義》卷五十九云：「加沙字本從毛作氅毨二形。葛洪作《字苑》，始改從衣。按外國通稱袈裟，此云不正色。……真諦三藏云：『袈裟此云赤血色衣。』」

後來印度的佛教，當佛滅後二百年至五百年之間，在教理上分為二十部，在戒律上分為五部。於是三衣顏色各有不同的規定，以標幟自己的宗派。如後漢安世高譯《大比丘三千威儀》卷下述袈裟顏色時說：「薩和多部者，博通敏智，導利法化，應着絳袈裟。曇無德部者，奉執重戒，斷當法律，應着皂袈裟。迦葉維部者，精進勇決，彌護眾生，應着木蘭袈裟。彌沙塞部者，禪思入微，究暢玄幽，應着青袈裟。摩訶僧祇部者，勤學眾經，敷演義理，應着黃袈裟。」《舍利弗問經》中敍五部律眾的衣服與《大比丘三千威儀》所說大致相同，只是將薩和多部和曇無德部的衣色互易，說薩婆多部應着皂色，曇無屈多迦部應着赤色。雖然五部的衣色不同，而原來的赤色袈裟，卻在五部中還通用。《一切經音義》卷五十九中引真諦三藏說云：「外國雖有五部不同並皆赤色。言青黑木蘭者，但點之異耳。」從現在東南亞各國都用黃衣來看，正是摩訶僧祇部的流傳，從原來點淨的規定而發展成為衣色的規定的。

佛教傳入中國以後，僧侶還是披赤衣的。《弘明集》載漢末牟融的《理惑論》

說：「今沙門被赤布，日一食，閉六情，自畢於世。」一直到現在近兩千年，沙門的袈裟還是以赤色為主。但是漢地天氣寒冷，僅僅三衣是不可能禦寒的。因此根據佛制許蓄百一長物的規定，於三衣之外須有其他衣服。不但漢人不習慣僅着三衣，即是西來的大德高僧，在漢地居住數年以至數十年，或盡壽於此，也必須添着其他衣服。這些衣服究竟是甚麼形式，甚麼顏色呢？

佛法雖從後漢時傳入中國，但是那時出家的人不多。到了東晉和石趙的時候才發達起來。而那時僧徒便有了「緇衣」或「緇流」的稱號。有人以為緇衣是根據袈裟的顏色而起的。如慧琳《一切經音義》卷五十九中說：「諸木中，若皮、若葉、若花等不成五味，雜以為食者則名迦沙……天竺比丘多用此色。或言緇衣者，當是初譯之時見其色濁，因以名也。」宋贊寧《大宋僧史略》卷上引《考工記》云：「問：緇衣者色何狀貌？答：紫而淺黑，非正色也。《考工記》中三入為纁，五人為緅，七人為緇。以再染黑為緅，緅是雀頭色。又再染乃成緇矣。知緇本出緅，爵頭紫赤色也。」又引《比丘尼傳》卷四《淨秀尼傳》所記云，見二梵僧所着袈裟，色如熟桑椹。秀即以泥染衣色令如所見。以為緇「乃淺赤深黑色」，這種說法是不恰當的。誠然「纁」是淺絳色，絳是青赤色，但這是染羽毛的次序，由絳而逐漸加深，乃至最後成為緇，已經是黑色之中微有赤意，如現在所謂「紅青」色，決不是紫而淺黑。而緇色與披赤衣的説法顯然相違，絕不能是袈裟的顏色。至於淨秀尼是梁時人，她初次改着熟桑椹色的衣，可見以前是不如此的。而黑色的緇衣卻早已風行，如劉宋時孔凱稱慧琳為黑衣宰相（見於通鑒），齊初荊州竹林寺僧慧與玄暢，被稱為黑衣二傑（見《高僧傳．僧慧傳》），緇衣久已成為沙門的專稱了。緇衣和白衣是僧俗的對稱。但是平民服尚白色是三國時的事。《漢書．成帝紀》：「承始四年詔：青綠，民所常服，且勿止。」《漢書．龔勝傳》師古註云：「白衣給官府趨走賤人，若今諸司亭長掌固之屬。」此庶民不衣白的明證。而《吳志．呂蒙傳》云：「使白衣搖櫓作商賈人服。」《魏志．管寧傳》云：「寧在遼東，所有白布單衣親薦饌饋。」可見漢時平民習尚青綠，到了三國時，由於天下歷年荒亂，人民更加困苦，所以穿白衣成為習尚。正在這時期，僧侶增多，衣服尚緇，才造成「緇素」的說法。所以漢地僧侶的服裝可以分為兩類：一類是常服，就是為了禦寒起見，就漢地原有的服裝規定了顏色，稍微改變其式樣而成為固定的僧服，如緇衣之類，這是僧人日常穿着的。一類是法服，就是三衣之類，只在法會佛事期間穿着的。

僧侶的常服在最初的時候是與俗人一樣的，只是在顏色上有所分別，所以沙門有

「緇衣」之稱。《續高僧傳》卷十《法上傳》云：「自（法）上未任已前，儀服通混。一知綱統，制樣別行，使夫道俗兩異，上有功焉。」可見到東魏末年，法上任昭玄統已後，僧侶的常服才在式樣上有了特殊的規定。在此以前何以選用緇色，雖難考定，大約是從道士的服色來的。魏酈道元《水經注》卷六束水註云：「地有固活、女疏、銅芸、紫範之族也。是以緇服思玄之士，鹿裘念一之夫，代往遊焉。」稱道家採藥之輩為「緇服思玄之士」，可見緇色是中國古代宗教服色，因而沙門在常服上也選用此色。釋道之分只在用冠、用巾之不同，結果黃冠成為道士之專稱，緇衣成為沙門的別號。其後僧俗眾多，緇衣者眾，道士不得不改變他們的服色，而緇服便成為僧侶的專門服色了。《北史》卷五十一《上黨剛肅王煥傳》云：「初術氏言：亡高者黑衣，由是自神武後每出門不欲見桑門，為黑衣故也。」忌見沙門而不忌見道士，可見當時道士已經不是緇服了。周武帝更因此讖語，禁沙門服緇，令改服黃色（見《僧史略》）。從此以後，僧侶常服的顏色便多樣起來了。但是在此以前沙門也不完全服緇。《法苑珠林》卷三十五云：「見一沙門着桃葉布裙，單黃小被。」是記劉宋泰始年間事，此其證也。經過隋末的喪亂，僧侶服裝又與俗服混同起來。《續高僧傳》十《慧休傳》云：「荒亂之後，法律不行，並用銅盂，身御俗服，同諸流俗。」當時慧休曾重定了鉢盂的制度，而傳中未曾說他重定衣服之制度，可能是恢復了法上的原則。

唐義淨《南海寄歸傳》卷二《衣食所須章》云：「且如神州祇支偏袒，覆膊方裙；禪袴袍襦，咸乖本制。」又云：「考其偏袒正背，元是踵斯（玄播）而作，剩加右畔，失本威儀。」又云：「自余袍褲褌衫之類，咸悉決須遮斷。嚴寒既謝，即是不合擐身，而復更着偏衫，實非開限。」又《尼衣喪制章》云：「東夏諸尼衣皆涉俗，所有着用並皆乖儀。」又云：「祇支偏袒衫袴之流，大聖親遮。」從這些文句可看出唐時僧尼着用俗服，如襌袍襦衫褌袴等類。此外還有特製的如偏袒（又名偏衫）和方裙二物。當時僧侶的常服是相當雜的。

宋贊寧《僧史略》卷上云：「今江表多服黑色赤色衣，時有青黃間色，號為黃褐、石蓮褐也。東京關輔尚褐色衣，並部幽州則尚黑色。」又云：「昔唐末豫章有觀音禪師見南方禪客多搭白衲，常以瓿器盛染色勸令染之。今天下皆謂黃衲為觀音衲也。」在這段文中並未分出法服和常服，但是根據現在的習慣，往往隨着常服的顏色而改變法服的顏色。《僧史略》中說的可能是包括了法服和常服的顏色。中國文化的發展，在北方偏於保守，所以在唐末宋初時並部幽州還保持緇衣之舊而尚黑色。直到現在也是北方僧侶服黑色的比較多。

到了明代洪武初年，制定了僧侶的服色。明《禮部志稿》云：「洪武十四年令凡僧道服色，禪僧茶褐常服、青絛、玉色袈裟。講僧玉色常服、綠絛、淺紅色袈裟。教僧皂常服、黑絛、淺紅袈裟。」又雲棲的《竹窗二筆》中說：「衣則禪者褐色，講者藍色，律者黑色。」《山堂肆考》云：「今制禪僧衣褐，講僧衣紅，瑜伽僧衣蔥白。瑜伽僧，今應赴僧也。」可見明末時僧侶衣制逐漸變更。現在南京寶華山是律宗的祖庭，每當傳戒時住持仍着黑常服、紅袈裟，而求戒者着黃常服、黑袈裟，此猶是明代的舊制。現在僧侶的常服大多是褐、黃、黑、灰四色。在北方有黃綠色，稱為湘色的。在此五色中又各任意深淺不一，沒有一定的規制。

僧侶常服的式樣既自魏末法上規定以後，究竟是甚麼式樣呢？那些褻衣、衷襖等未必有所規定，仍是隨着時代與俗人的衣服一樣。只是外面的衫袍，為了觀瞻起見，才有一定的特式。這應當是一般所說的「方袍」，因為這「方袍」的名稱到唐時才普遍起來的。白居易詩云：「白衣一居士，方袍四道人。」許渾詩云：「雲齋曾宿借方袍。」南唐劉崇遠《金華子》中說：「李公贊皇鎮浙左……南朝眾寺，方袍且多，其中必有妙通易道者。」《僧寶傳》中說：「泉州龜洋慧中禪師屬唐武宗廢教，例為白衣，作偈云：多年鹿車漫騰騰，雖着方袍未是僧。今日修行衣善慧，滿頭白髮待燃燈。」至於方袍的式樣可以從這名字上推測出來。

漢魏的俗服是常常變更的。《抱朴子自敍》云：「俗之服用，俄而屢改，或忽廣領而大帶，或忽身促而修袖，或長裙曳地，或短衣蔽腳。」而方袍既非修袖，又不曳地。俗衣袖雖或長而寬有定限。《儀禮》喪服云：「袪尺二寸。」《說文》褏字上同。而方袍的袖是比較寬的。更特別是「方」一定對「曲」言的，《漢書．江充傳》：「充衣紗縠，禪衣曲裙。」《何並傳》師古註云：「襜褕，曲裙禪衣也。」可見俗服是曲裙而僧服是方裙，俗服袖窄則較圓，僧服袖寬則成方。這應當是方袍名稱之由來。

僧衣的另一名稱是「衲衣」，衲是補綴的意思。因為袈裟是由多數碎布補綴而成，所以譯作衲衣。《長阿含經》云：「尊者迦葉着衲衣來詣佛所。」《大智度論》云：「五比丘問佛：當着何衣？佛言：應披衲衣。」這都是指袈裟而言。但是後來僧侶的常服，也常是破舊而經過補綴的，於是成為僧服的通用名稱。《法苑珠林》云：「僧崖奴牟氏滅後，郫縣人於郫江邊空中見有油絡，輦崖在其上，身服斑衲、黃偏衫、紫被，捉錫杖。」衲又借作納。梁簡文帝有謝賜郁泥細納袈裟、郁泥納袈裟、郁泥真納九條袈裟表三首。《金陵雜誌》云：「隋煬襯戒師聖種納袈裟一緣，黃紋舍勒一腰，郁泥南絲布袈裟一緣，鵶納袈裟一領，絲布衹支一領。」《續高僧傳》卷二十一《慧思傳》云：「寒則艾納用犯風霜。」《酉陽雜俎續集》徵釋門衣事云：「五納三衣。」就是衲、納都通指法服常服的明證。

方袍的另一名稱是「海青」。明鄭明選著《秕言》卷一云：「吳中方言稱衣之廣袖者謂之海青。按太白詩云：『翩翩舞廣袖，似鳥海東來』，蓋東海有俊鶻名海東青。自言翩翩廣袖之舞如海東青也。」

僧侶既有法服、常服之分，而古代在法會上僧侶還是遵守佛制，偏袒右肩，如同現在藏蒙族的情況。《釋氏要覽》卷上引竺道祖《魏錄》云：「魏官人見僧袒一肘，不以為善，乃作偏袒縫於僧衹支上，相從因名偏衫。」後來因為右袒究竟不合乎漢地的習慣而被廢除了。

至於漢地僧侶法服的顏色，由於常服顏色的複雜，也發生紊亂的情形。自從唐武后依唐代三品以上服紫的規定，賜給沙門法朗等九人紫袈裟（見《唐書》），在唐宋時代一直都以賜紫衣為沙門的榮譽，因而引起忽視戒律的規定，隨意選用袈裟的顏色，特別是隨着常服的顏色而任意改變。如常服有緇、黃、褐等色，袈裟也有着許多顏色。《酉陽雜俎續集》卷六徵釋門衣事云：「其形如稻，其色如蓮。」又云：「赤麻白豆，若青若黑。」可見漢地袈裟的多樣顏色久已如此了。另一面執着於「赤色」而以朱紅袈裟為最尊重。殊不知朱紅及黑色都是戒律中所不許的純色、上色，而古代所謂披赤衣，乃是紅而兼黑或紅而兼黃，如前所記釋迦如來的僧祇支是也。

天地博雅文叢

經典常談　朱自清 著
新編《千家詩》　田奕 編
邊城　沈從文 著
孔子的故事　李長之 著
啓功談金石書畫　啓功 著　趙仁珪 編
沈尹默談書法　沈尹默 著
詞學十講　龍榆生 著
詩詞格律概要　王力 著
唐宋詞欣賞　夏承燾 著
古代漢語常識　王力 著
梁思成建築隨筆　梁思成 著　林洙 編
簡易哲學綱要　蔡元培 著
唐宋詞啟蒙　李霽野 著
唐人絕句啟蒙　李霽野 著
唐詩縱橫談　周勛初 著
佛教基本知識　周叔迦 著
佛教常識答問　趙樸初 著
漢化佛教與佛寺　白化文 著
沈從文散文選　沈從文 著

www.cosmosbooks.com.hk

書　　名　佛教基本知識

作　　者　周叔迦

編輯委員會　梅　子　曾協泰　孫立川

陳儉雯　林苑鶯

責任編輯　宋寶欣

美術編輯　郭志民

出　　版　天地圖書有限公司

香港皇后大道東109-115號

智群商業中心15字樓（總寫字樓）

電話：2528 3671　傳真：2865 2609

香港灣仔莊士敦道30號地庫／1樓（門市部）

電話：2865 0708　傳真：2861 1541

印　　刷　美雅印刷製本有限公司

香港九龍官塘榮業街 6 號海濱工業大廈4字樓A室

電話：2342 0109　傳真：2790 3614

發　　行　香港聯合書刊物流有限公司

香港新界大埔汀麗路36號中華商務印刷大廈3字樓

電話：2150 2100　傳真：2407 3062

出版日期　2019年11月／初版

ISBN ： 978-988-8547-75-3